사막을
건너야
서른이
온　다

사막을 건너야 서른이 온다

윤성식 지음

차례

프롤로그 예순의 청년이 스무 살 청년에게 ·· 010

나는
과연 나를
제대로 보고 있는가

. 1 .

인생의 밑그림이 있는가 ·· 017
나와 세상을 있는 그대로 바라보기 ·· 022
마치 제3자처럼 스스로를 관찰하라 ·· 027
세상의 흐름을 볼 수 있어야 한다 ·· 032
세상의 들러리가 될 것인가, 상식의 덫을 걷어찰 것인가 ·· 038
예측할 수 없다면 적응하라 ·· 043
마지막으로 변한 게 언제였더라 ·· 047
'긍정적으로 생각하라'는 말에도 함정은 있다 ·· 054
진짜 스펙은 소리 없이 빛난다 ·· 059
무의미한 경쟁 대신 나만의 역량을 키워라 ·· 064

왜
좌절하고
실패하는가

. 2 .

'되고 싶은 나'와 '살고 싶은 인생' ·· 071
살아가는 것보다 살아가는 방식이 더 중요하다 ·· 078
잘못 살았다고 말하는 사람들에게 없는 한 가지 ·· 084
죽을 때 후회하지 않는 삶을 위하여 ·· 088
당신은 어떤 이야기를 가진 사람인가 ·· 095
행복은 가지려고 하면 얻을 수 없다 ·· 102
너무 훌륭해지려고 하지 말자 ·· 107
인생, 모든 공부를 우선하는 절대 과목 ·· 110
좋아하고 잘하는 것을 선택해야 할까 ·· 117
결혼은 사랑만으로 결정해도 될 만큼 낭만적이지 않다 ·· 125
제대로 된 인생 설계를 위한 필요충분조건 ·· 130

다시는
쓰러지지
않기 위하여

. 3 .

하루의 10분의 1, 삶을 바꾸는 마법의 시간 ‥ 141
비전과 전략은 글로 써봐야 한다 ‥ 146
세상에 휘둘리지 않는 단단한 나 ‥ 151
가치와 의미를 찾아서 ‥ 158
불행한 성공, 행복한 성공 ‥ 165
자신을 함부로 사랑하지 말아야 하는 이유 ‥ 169
일과 공부에서 가치와 의미를 찾을 수 없다면 ‥ 174
좋은 기회와 나를 위한 기회는 다르다 ‥ 181

이제부터
무엇을
할 것인가

. 4 .

인생도 공부하고 연습해야 한다 ·· 187

나는 운동 예찬론자다 ·· 192

마음 근육을 키워라 ·· 196

습관의 나비 효과 ·· 201

평생의 멘토는 당신의 책꽂이에 꽂혀 있다 ·· 204

삶은 원래 힘든 것이다 ·· 211

1등과 2등의 차이는 어디에서 오는가 ·· 214

알아차리고, 바라보고, 흘려보내라 ·· 218

스무 살이 되면 모든 상식을 버려라 ·· 224

끝을 생각하는 연습 ·· 229

아는 것만 실천해도 삶은 혁명적으로 바뀐다 ·· 233

**담담하게
물 흐르듯
최선을 다하는 삶**

. 5 .

굳이 죽기 살기로 하지 않아도 된다 ·· 243

약간의 과부하가 필요한 이유 ·· 247

그냥 해버리면 마음도 바뀐다 ·· 252

일단 해보고 하는 후회가 더 낫다 · 258

삶이 힘든 건 오해와 착각 때문이다 ·· 261

로맨틱한 방황은 이제 그만 ·· 264

인생은 각자의 레이스에서 자기만의 경기를 하는 것 ·· 268

프롤로그

예순의 청년이
스무 살 청년에게

– 강의실에서 미처 하지 못한 인생 이야기

"몇 살쯤 되면 사는 게 좀 수월해질까요?"

한 젊은이가 물었다. 나는 어떻게 대답해야 할지 무척 난감했다. 어른으로서, 교수로서 뭔가 따뜻한 위로나 희망적인 이야기를 해주고 싶었지만 그렇다고 거짓말을 할 수는 없었다.

"미안해. 나는 수월하게 사는 사람을 본 적이 없어."

그러자 젊은이는 한숨을 내쉬었다. 나는 한마디를 덧붙였다.

"다만 세상에 휘둘리는 사람과 휘둘리지 않는 사람이 있을 뿐이지."

많은 학생들과 이야기를 나누다 보니 어느덧 수십 년의 세월이 흘렀다. 공인회계사 지도교수, 행정고시 지도교수, 기숙사 사감 등을 거치는 동안 때로는 냉정하게, 때로는 함께 눈물지으며 젊은이들과 속 깊은 대화를 할 수 있게 해준 나의 직책에 감사하면서도 마음속엔 늘 미진한 느낌이 남아 있었다.

세상은 따라잡기 힘든 속도로 변해가고 그에 따라 젊은이들의 고민도 점점 늘어만 간다. 세계 어느 나라의 학생들보다 더 많이 공부하고 더 치열하게 경쟁하는데도 왜 우리 젊은이들의 한숨은 그들보다 훨씬 더 깊은 것일까?

지금의 대학이란 오로지 취업을 위한 간이역에 불과하다. '인생을 어떻게 살 것인가'에 대한 어떤 구체적인 배움이나 연습 없이 젊은이들은 무방비 상태로 세상이라는 시장에 내던져진다. 그러면 시장은 기다렸다는 듯이 경쟁과 인센티브의 그물로 젊은이들을 옭아맨다. 근거 없는 성공 신화를 양산해내는 미디어와 비현실적인 위로에만 그치는 힐링 열풍 속에서 젊은이들은 갈팡질팡한다.

세상에 대한 적응력과 인생의 비전을 채 갖추기도 전에 젊은이들은 미래의 꿈나무가 아닌 허허벌판의 잎사귀가 되어 이리저리 휘둘린다. 그 결과 우리는 오늘날 젊은이들의 사망 원인 1위가 자살이라는 우울한 통계에 직면하게 되었다. 이 와중에도 대부분의 젊은이들은 돈, 좋은 직업, 화려한 경력 등 세속적인 성공을 간절히 추구하고 있다. 하지만 그것들을 얻기 위한 방법은 그다지 현명해 보이지 않는다. 진정한 성공까지는 아니더라도 최소한 세속적인 성공이나마 효율적으로 지혜롭게 추구해야 하지 않을까?

문제는 선택이다. 젊은이들은 십대 시절을 거치고 나면 일반적으로 대학에서부터 전공, 직업, 결혼 등 몇 개의 중요한 선택을 해야 한다. 그런데 아주 총명한 젊은이들조차 인생에 관한 결정에서는 너무도 어처구니없는 오류를 저지르곤 한다. 스마트폰이나 가방을 살 때는 몇 날 며칠을 심사숙고하면서 인생의 향방에 영향을 줄만큼 중대한 결정은 너무나 쉽게 해버린다. 그러다 보니 삶의 여러 요소들은 점점 실타래처럼 엉키고, 바라던 성공은 점점 멀어져간다.

과거의 수많은 선택들이 쌓여 현재의 자신을 만든다는 사실을 감안한다면 선택의 방법을 아는 것이야말로 살아가는 방법을 아는 것이다. 그렇다면 어떻게 해야 후회하지 않는 선택을 할 수 있을까? 어떻게 해야 의사 결정의 오류와 행동의 실수를 최소화할 수 있을까?

이 질문에 대한 답을 모색하는 과정에서 이 책이 만들어졌다. 책은 강의실에서, 교정에서 그리고 기숙사에서 수많은 학생들과 나누었던 이야기들을 토대로 하고 있다. 또한 그들 못지않게 방황을 거듭했던 나의 젊은 시절 이야기도 포함하고 있다. 그러나 대부분의 내용은 삶의 비전과 전략을 다루고 있기에 3,40대 독자들에게도 많은 도움이 되리라 확신한다.

나는 이 책을 마중물 삼아 '인생학'이라는 이름의 학문 분야가 생겨나기를 바란다. 우리 젊은이들은 초등학교 때부터 대학 혹은 대학원을 졸업할 때까지 엄청난 양의 공부를 감당해야 하지만, 정작 모호하고 모순 가득한 현실에 적응하기 위한 인생 공부는 접할 기회조차 없다. 따라서 강의실에서는 미처 하지 못했던 이야기들, 그리고 세상 밖으로 걸음을 내딛기 시작한 수많은 젊은이들에게 하고 싶은 이야기들을 모두 담고자 했다.

이 책에는 성공에 대한 팁이나 요령은 적혀 있지 않다. 시련과 좌절에 빠진 이들의 등을 토닥거려주는 감상적인 위로도 최대한 자제했다. 대신에 '다시는 쓰러지지 않는' 구체적인 방법이 들어 있다. '괜찮아, 넌 할 수 있어'라는 말보다는 '괜찮아지려면 꼭 해야 할 게 있어'라는 실천과제에 더욱 초점을 맞추었다. 수많은 시행착오를 겪으며 자기만의 비전과 전략을 세운 젊은이들이 있었기에 이 책이 나올 수 있었다. 따라서 한 번 읽고 다시 찾지 않는 책이 아니라 두고두고 반복해서 한 줄 한 줄 세심하게 읽어야 하는 교과서나 사전 같은 책이 되기를 바란다.

하루하루 살아가기에도 벅찰 만큼 바쁜 세상이지만 '왜 이렇게 바빠야 하지?'라고 물을 수 있는 여유만 있다면 가능한 한 이 책을 천천히 읽어주길 바란다. 단어 하나, 문장 하나에 담긴 수많은 젊은이들의 진솔한 경험과 의미를 천천히 마음속에 새기면서 읽어주었으면 하는 것이 저자의 바람이다.

2013년 여름
윤성식

나는
과연 나를
제대로 보고 있는가

. 1 .

인생의 밑그림이 있는가

"실패를 두려워하지 말아야 할 것 같아요."
"글쎄, 솔직히 내 자식한테는 그런 말 못할 것 같아. 실패를 자주 반복하는 사람은 오히려 실패를 두려워해야 하지 않을까?"
"아니, 왜요? 실패를 두려워하지만 않는다면 오뚝이처럼 다시 일어설 수 있잖아요?"
"그보다는 왜 실패하는지부터 알아야 해. 대부분의 사람들이 인생의 밑그림 없이 중구난방으로 살기 때문에 자꾸 실패하거든. 인생의 밑그림이 있다면 실패를 두려워하지 않아도 되겠지만 대부분 그렇게 하지 못하기 때문에 문제인 거야."

고시에 실패한 두 학생이 번갈아 찾아와 더 이상 실패를 두려워하지 않겠다고 다짐했다. 나는 첫 번째 학생에게는 실패를 두려워해야 한다고 했고, 두 번째 학생에게는 실패를 두려워하지 말라고 했다. 두 사람이 처한 상황과 앞으로의 각오는 같은데 어째서 다른 말을 했을까?

인생의 밑그림이 있느냐 없느냐의 차이 때문이다. 첫 번째 학생은 단지 '고시 패스'만이 전부일 뿐 머릿속에 원하는 삶의 모습이 그려져 있지 않았다. 그러나 두 번째 학생에게 '고시 패스'란 인생의 밑그림을 구성하는 하나의 요소이자 수단이며 그의 머릿속에는 원하는 삶의 모습이 구체적으로 갖추어져 있었다. 이 학생에게 실패나 시행착오는 인생의 밑그림을 현실화시키기 위한 필요비용일 뿐이다. 따라서 그에게만 실패를 두려워하지 말라는 말이 유효하며, 첫 번째 학생은 실패를 두려워해야만 한다.

때때로 사람들은 실패 그 자체에 대해 근거 없이 엉뚱한 해석을 내리곤 한다. 작은 실패를 전체의 실패처럼 심각하게 여겨 좌절하는가 하면, 실패에서 많은 것을 배울 수 있다며 대수롭지 않게 여기는 경우도 있다.

"선생님, 저 이제 고시를 포기할까 합니다. 더 이상 못하겠어요. 인생지사 새옹지마라고, 더 좋은 일이 생기려니 하고 있어요."

젊은이는 고시에 떨어진 뒤 사업에 뛰어들어 큰 성공을 거둔 어느 선배의 이야기를 예로 들며 이번의 실패가 어쩌면 자기한테도 새옹지마가 될 수 있을 거라고 말했다.

"글쎄, 새옹지마라는 말이 위안은 되겠지만 그래도 고시에 떨어진 건 안 좋은 일인 거야. 더 좋은 일이 생길 거라는 생각은 그저 위안일 뿐이지."

"솔직히 마음이 쓰린 건 사실이에요."

"그 쓰린 마음을 피하지 말고 그대로 받아들이는 게 좋지 않을까? 다만 고시에는 실패했어도 앞으로 어떻게 사느냐에 따라 스스로 새옹지마의 상황을 만들 수 있어. 이 현실을 냉정하게 진단하고 좋은 일이 생기는 기회로 만들어버려."

누군가 고시를 포기하고 사업에 뛰어들어 성공했다는 것은 그 일에 최선을 다했거나 사업 수완이 있었기 때문이다. 고시에 떨어졌기 때문에 좋은 일이 생겼다는 논리는 옳지 않다. 어떤 실패건 실패 그 자체는 안 좋은 일이다. 이 때문에 더 좋은 일이 생길 수도 있다는 생각은 게으른 위안일 뿐이다. 실패를 실패가 아닌 것으로 억지 해석하지 말아야 한다. 눈앞의 실패를 냉정히 분석하고 새로운 성공의 기회로 삼을 수 있어야 한다.

우리는 의지나 용기, 자신감 같은 단어를 너무 낭만적으로 사용하는 경향이 있다. 긍정이나 희망, 도전에 대해서도 마찬가지다. 물론 우리 삶에 꼭 필요한 요소들임에는 틀림없지만 이 고귀한 덕목들을 어떤 식으로 사용해야 하는지에 대해서는 좀 더 냉정하게 짚어봐야 한다. 자신을 둘러싼 환경과 현실적인 역량을 있는 그대로 본 다음, 그 위에서 인생의 밑그림을 그리지 않는다면 또 다른 좌절을 겪을 수밖에 없기 때문이다. 그런데도 실패를 두려워하지 말라고 하면 그것은 거짓말이다.

의기소침한 제자를 보면 나도 위로해주고 싶다. '너는 할 수 있다. 너는 뛰어나다. 너는 특별하다. 너는 참 좋은 꿈을 가졌다. 꿈을 더 크게 가져라. 실패를 두려워하지 말아라. 실패는 성공의 어머니다. 실패에서 더 많은 것을 배운다.' 이렇게 말해주고 싶지만 나는 그 말이 거짓임을 안다. '간절히 소망하면 반드시 이루어질 거야'라는 말이 얼마나 위험한 말인지도 잘 안다. 자기 자식이라면 마땅히 쓴소리를 해야 할 상황에서 다른 젊은이들에게는 달콤한 소리를 한다면 그것은 그만큼 진정성이 결여된 말일 것이다. 설령 따뜻한 위로나 달콤한 희망이 당장 힘이 될 수 있을지는 모르겠지만 반복되는 실패의 악순환에서 벗어나게 해줄 수는 없다. 위로와 희망에 중독되면 현실에 대한 진단은 오진이 되기 쉽고 삶을 근본적으로 바꿔보려는 실천력도 점점 사라진다. 그러니 삶을 변화시키려면 쓴소리를 찾아 다녀야 한다.

같은 실패라도 자신이 누구이며, 어디로 가고 있는지 알고 있는 사람의 실패와 아무런 좌표 없이 기계적·상식적으로 살아가는 사람의 실패는 같을 수가 없다. 그래서 나는 "인생의 밑그림 없이 눈앞의 욕망과 이익만을 보고 산다면 또 실패하게 되지. 그러니 실패를 두려워해야 해"라고 말할 수밖에 없다.

왜 실패하고 좌절하는가? 이렇게 묻기 전에 우리는 꿈과 현실 사이의 거리 측정을 제대로 했는지 물어야 하고 인생의 밑그림을 마련했는지 되물어야 한다. 원하는 것을 이루기 위해 나는 어떤 준비를 했는가? 나는 나 자신과 나를 둘러싼 환경을 직시하고 있는가? 자신의 능력과 환경 등 모든 조건들을 있는 그대로 본다는 건 때론 고통스러운 일일 수도 있다. 꿈은 아름답고 화려한데 나의 역량과 현실은 그것과 너무 동떨어져 있음을 확인해야 하기 때문이다.

사람들은 자신의 꿈과 목표를 설정할 때 굉장히 감상적으로 접근하는 경향이 있다. '나에겐 꿈이 있다'는 사실만으로도 삶이 그리고 세상이 내가 원하는 쪽으로 흘러가리라는 터무니없는 기대를 품곤 한다. 믿는 대로 이루어진다는 말이 유행하면서부터는 더더욱 그렇다. 하지만 자신에 대한 이성적인 직시와 현실적인 관찰이 빠진 상태에서 무작정 꿈을 향해 달려간다는 것은 이미 실패를 안고 가는 것이나 다름없다.

사람들은 용기를 북돋아주는 게 필요하다고 생각하지만 이 과정에서 상대방의 능력에 맞지 않는 일을 부추길 위험이 있다. 수십 년간 학생들과 이야기를 나누면서 나는 얼마나 많은 젊은이들이 주변의 엉뚱한 격려 때문에 자기 능력과 적성에 맞지 않는 길 위에서 소중한 시간을 낭비했는지 알게 되었다. '넌 충분히 그럴 만한 능력이 있어'라는 말에 용기백배해서 어리석은 결정과 행동을 해서는 안 된다. 그런 조언은 마약과 같다. 당장에 위안을 주고 힘을 줄 수는 있어도 결국은 나를 해치는 독에 불과하다.

누군가에게 용기를 주고 싶다면 두 가지를 명심해야 한다. 첫째, 그 사람을 과대평가하고 있지는 않은지 생각해야 한다. 그 사람을 있는 그대로 보아야 한다는 말이다. 둘째, 그 사람이 처한 환경을 살펴야 한다. 주변 환경에 비추어 불가능한 길을 가려고 하는 사람에게 용기를 북돋아주는 행위는 도움이 아니라 독이 된다.

용기는 달콤한 꿀에서 나오지 않는다. 자기 자신에 대한 솔직하고 냉정한 시선과 현실에 대한 이성적인 관찰을 거친 뒤에 나오는 것이 진짜 용기이다.

나와 세상을
있는 그대로 바라보기

"이제 더 이상 소극적으로 살지 않을 거예요. 할 수 있다는 생각으로 뭐든지 자신 있게 도전할 생각이에요. 주변에선 제가 스스로를 과대평가하고 있다는 말도 하지만 이젠 그런 말은 듣지 않을래요."
"그럼 과대평가해도 괜찮다는 뜻이야?"
"설령 그렇더라도 과소평가보다는 낫잖아요."
"어째서 과소평가와 과대평가, 이 둘밖에 없다고 생각하지? 자기 자신을 있는 그대로 보는 방법도 있잖아?"

A는 우수한 학생이었지만 그가 우수하다고 생각하는 사람은 별로 없었다. 이유는 단지 그가 서울 소재 대학의 지방 캠퍼스에 다니기 때문이었다. A에게는 '공인회계사'라는 꿈이 있었다. 지금은 공인회계사 시험에서 꽤 많은 합격생들을 배출하고 있지만, 그때는 합격자도 소수인 데다 그마저도 대부분 서울의 명문 대학 출신들이 독식하다시피 하던 시절이었다. 그래서 A가 공인회계사 시험을 준비한다고 했을 때 사람들은 그

가 자신을 너무 과대평가한다고 여겼다. 심지어 본인마저도 자신의 능력을 그다지 신뢰하지 못해 결국 포기 직전까지 이르렀다.

"열심히는 하고 있지만……, 아무래도 힘들 것 같아요."

"왜 그렇게 생각하지?"

"현실적으로 어려운 점이 너무 많거든요."

A는 치열한 경쟁률부터 시작해서 기존 합격자들을 배출한 명문 대학의 수준까지 들먹이며 여러 가지 이유를 늘어놓았다. 그 모습은 마치 스스로 벽돌을 하나하나 쌓아가며 자기만의 좁디좁은 감옥을 만드는 것처럼 보였다. 이렇게 쌓은 관념의 돌담은 얼핏 보면 논리적으로 아주 타당하게 여겨지기도 한다. 게다가 너무나 견고해서 쉽게 부서지지도 않는다. 자신에 대한 과소평가를 납득시키기 위해 스스로 논리를 만드는 이 과정을 '합리적 과소평가'라고 한다. 합리적 과소평가는 단점만을 집요하게 찾아내 아주 그럴싸하게 포장하기 때문에 자기부터 깜빡 속아 넘어가게 된다. 그래서 다른 사람들마저 그것이 과소평가라는 사실을 눈치채지 못하는 경우가 허다하다.

A의 경우에는 자신의 부정적 관념을 지탱하고 있는 벽돌, 즉 스스로 갖다 붙인 부정적 사례들부터 하나씩 빼내야 했다.

"일본에 '코이'라는 물고기가 있어. 이 녀석은 특이하게도 사는 환경에 따라 크기가 변한대. 이를테면 작은 수족관에서는 10cm까지만 자라지만 넓은 호수나 강에 풀어놓으면 열 배 이상 자란다는 거야."

사람의 생각도 이와 다르지 않다. 습관적으로 자신을 과소평가하다 보면 결국 스스로를 작은 수족관에 가두는 꼴이 된다. 그 수족관에서 벗어나지 못한다면 자신의 능력 또한 10% 이내로 축소될 수밖에 없다.

"경쟁자들을 보지 말고 너의 밑그림을 봐. 공인회계사가 되고 나서 어떤 인생을 살기로 했는지, 그 큰 그림을 보란 말이야. 갇혀 있던 너의 생각을 그 넓은 곳에 풀어줘."

A는 내 말뜻을 이해했다. 다행히 그는 자신의 능력을 제대로 보기 시작했고, 마침내 간절히 원하던 합격증을 손에 쥘 수 있었다.

자신을 과소평가하면 가진 능력을 제대로 발휘하지 못하고 남에게 착취당하거나 이용당할 수도 있다. 자신의 능력에 대해 바르게 파악하지 못하고 확신을 갖지 않으면 그 능력은 자기 것이 되지 않는다.

과소평가의 반대편에는 과대평가가 있다. 흔히 과소평가는 문제라고 여기지만 과대평가야 그리 나쁠 게 없다고 생각한다. 과연 그럴까?

K는 성격이 활달하고 적극적인 데다 인간관계도 꽤 좋은 편이어서 어딜 가나 '사업가 체질'이란 말을 자주 들었다. 그러다 보니 K 스스로도 사업 쪽으로 점점 마음이 기울기 시작했다. 회사에서 상사에게 잔소리를 듣거나 동료들과 마찰을 빚을 때마다 K는 속으로 생각했다.

'그래, 역시 난 회사원 체질이 아니야. 내가 가야 할 길은 따로 있어.'

그때마다 주변의 친구들은 K에게 '넌 할 수 있어!'라며 용기를 북돋아주곤 했다. 이후 K는 본격적으로 사업을 구상하기 시작했다. 사업 아이템을 정한 뒤 구체적인 준비를 하는 동안에 자신감도 점점 커져갔다. 앞서 등장한 A학생의 경우 온갖 부정적인 사례들을 끌어모아 자신을 과소평가했다면, 반대로 K는 '대박 사례'들만 바라보며 자신에 대한 과대평가를 키웠던 셈이다. 대부분의 과대평가는 자신과 주변 사람들이 함께 빚어낸 감상적 합작품이다. 그리고 그들이 범하는 가장 큰 실수는 상대방이나 자기 자신을 있는 그대로 보지 못한다는 것이다. 결국 사업을 시작한 지 1년 만에 K는 크게 실패했고 생활도 몹시 궁핍해지고 말았다. 더욱 슬픈 일은 주변에서 늘 용기를 북돋아주던 사람들마저 모두 사라졌다는 사실이다.

원래 인간의 본성이란 극단에 치우치는 건지도 모른다. 그 때문인지 젊은이들과 이야기를 나눠보면 대부분 자기 자신을 과대평가하거나 과소평가한다. 자기 자신을 있는 그대로 보는 경우는 매우 드물다. 이렇게 자신을 과대평가하거나 과소평가하면 잘못된 목표나 방법을 선택할 위험이 높다. 외줄타기를 하는 사람은 결코 양쪽을 보지 않는다. 양쪽으로 시선을 빼앗기는 순간 비틀거리거나 떨어질 가능성이 그만큼 커지기 때문이다.

사람들이 느끼는 불행은 대부분 '안과 밖의 괴리'에서 온다. 소망이나 욕망, 꿈이 '안'에 있다면 내가 속한 환경이나 현실적 역량은 '밖'에 있다. 욕망과 꿈이 나의 역량과 환경으로부터 멀어질수록 삶은 고단해진다. 반대로 내가 가진 역량이나 환경에 비해 꿈이 너무 초라하다면 그 또한 큰 손해가 아닐 수 없다. 결국 중요한 것은 양쪽의 거리를 좁히거나 없애는 일이며, 그러기 위해서는 무엇보다 안과 밖을 있는 그대로 바라보는 시선이 필요하다.

사실 꿈과 소망만을 떠올릴 때는 누구나 기분이 좋아지기 마련이다. 하지만 그런 시간이 길어질수록 현실로부터 멀어져 자칫 신비주의에 빠질 가능성이 크다. 현실에 대한 정확한 분석은 인내와 용기가 필요한 일이지만 신비주의는 막연한 환상만으로도 충분하며, 게다가 쉽고 즐겁고 행복하기 때문이다. 신비주의는 결국 현실과 마주쳐 산산이 부서질 수밖에 없다. 그렇게 부서진 자리에는 온갖 감정들이 한꺼번에 쏟아져나온다. 젊은이들과 대화를 하다보면 욕망, 분노, 후회, 슬픔, 편견, 선입관, 조바심, 독선, 아집 등 수많은 감정이 요동치는 것을 느낄 수 있다. 어떨 때는 발끈하기도 하고, 또 어떨 때는 눈물 흘리며 좌절하거나 몹시 불안해하기도 한다. 이런 상황에서 어떻게 자기 자신을 있는 그대로 바라볼 수 있겠는가?

'있는 그대로 바라보기'는 무엇보다 사랑하는 마음과 미워하는 마음을 걷어내는 것부터 시작해야 한다. 욕망, 분노, 후회, 슬픔, 편견, 선입관, 조바심, 독선, 아집이 없어야 한다.

그저 있는 그대로 바라보라. 자신의 좋은 점에 대해서 너무 들뜨지 않고 나쁜 점에 대해서 너무 좌절하지도 않는 '고요하고 냉정하며 흔들리지 않는 시선'을 유지할 수 있어야 한다. 과대평가와 과소평가 없이 나와 세상을 있는 그대로 보는 자세가 필요하다.

마치 제3자처럼
스스로를 관찰하라

"이제부터는 정말 나답게 살 겁니다."
"왜 그렇게 살고 싶은데?"
"세상에 휘둘리지 않고 내 인생을 주체적으로 살고 싶으니까요."
"그럼 넌 '너'에 대해 얼마나 알고 있니?"

스티브 잡스가 '내면의 소리에 귀 기울이라'고 말하기 이전에도 우리는 이와 비슷한 말을 수없이 들어왔다. 자기 자신을 믿어라, 해답은 네 안에 있다, 모든 것은 나에게 달려 있다…….

물론 내면으로부터 나오는 직관은 때론 아주 유용하다. 그렇다면 내면의 소리에 대한 진위 여부는 도대체 어떻게 알 수 있을까? 내면의 소리를 걸러내는 필터와 프레임도 역시 자기 자신일 수밖에 없는 이상, 자기로부터 해답을 찾으려는 것은 매우 위험한 일이 아닐 수 없다.

우수한 성적으로 대학을 졸업한 뒤 어려운 입사 시험을 거쳐 대기업에 취직한 젊은이가 있었다. 직장 생활에 잘 적응하는가 싶더니 1년 뒤 새로운 선택 앞에서 고민에 빠졌다.

"아무래도 제가 가야 할 길은 따로 있는 것 같아요."

그는 자신의 전공과는 사뭇 다른 음반 기획 쪽 일을 하고 싶어 했다. 그는 오래전부터 수많은 음반을 수집해온 이력답게 음악에 꽤 조예가 깊은 친구였다. 그런데 이제 취미를 넘어 아예 그 분야에 자신의 인생을 바치고 싶어 했다. 그런 생각을 하게 된 것은 어느 날 직장 동료가 한마디를 던진 뒤부터였다고 한다.

"자네 정도의 재능과 열정이라면 음반 기획 분야에서도 훨훨 날아다니겠는 걸?"

그 말이 젊은이의 가슴에 오래 남아 싹을 틔우기 시작했다. 게다가 그 무렵 젊은이는 회사 초년생들이 흔히 겪는 조직 생활의 갈등기를 지나고 있었다.

"생각을 많이 해봤습니다. 내가 진짜로 하고 싶어 하는 일이 무엇인지, 그걸 알고 싶어서 내면의 소리에 귀를 기울였죠. 그런데 어느 순간, 내 안에서 정말로 소리가 들려오는 거예요."

무심코 던진 직장 동료의 한마디가 그의 꿈과 결합해 내면의 소리로 둔갑한 것이다. 나는 그에게 좀 더 시간을 두고 내면의 소리라고 생각하는 그것을 잘 관찰하라고 권했다. 어쩌면 그것이 환청일지도 모른다는 말도 해주었다.

"그것이 진짜 내면의 소리인지 아니면 순간적인 욕망인지는 오직 본인만이 알 수 있어. 그러니 내면의 소리에 귀를 기울이려는 자네 자신부터 스스로 관찰할 필요가 있지 않을까?"

사람은 누구나 듣고 싶은 것만을 들으려고 한다. 그 욕망이 커지면 정말로 그 소리를 들은 것처럼 착각하는 경우가 생긴다. 하지만 내면의 소리는 절대 그런 식으로 들을 수 없다. 오랜 명상과 자기 관찰이 없는 상태에서 들려오는 건 마음속 욕망이 소리의 형태로 둔갑한 환청에 지나지 않는다. 사실 우리가 내면의 소리에 귀 기울이지 않은 적이 있던가? 우리는 항상 내면의 소리에 귀를 기울이며 산다. 그래서 오히려 더 걱정이다.

'자기'란 그다지 신뢰할 만한 존재가 아니다. 자기로부터 해답을 찾다보면 자칫 자신의 욕망에 모든 것을 맡기는 도박이 되어버린다. 욕망은 번번이 의사 결정의 오류와 행동의 실수를 낳기 때문이다. 그래서 자기를 있는 그대로 봐야 한다는 말은 도리어 자기로부터 해답을 찾으면 안 된다는 경고성 의미를 담고 있는 셈이다.

그렇다면 다른 사람으로부터 해답을 찾아야 한다는 말인가? 그 해답은 자기 안에서도, 자기 밖에서도 찾을 수 있는 게 아니다. 수많은 요인과 조건을 고려해 자기와 세상을 있는 그대로 보면 그 모든 것들의 종합적인 상호작용으로부터 해답을 찾을 수 있다. 조심하라. 자기는 절대 신뢰할 수 있는 존재가 아니다. 자기로부터 해답을 구하지 말고 다만 스스로 제3자가 되어 냉정하게 자기 자신을 관찰해야 한다.

자기의 주인, 즉 삶의 주인이 되라는 말은 흔히 남에게 휘둘리지 말라는 뜻으로 쓰이지만, 여기서 주인이란 표현은 주의해서 사용해야 한다. 내가 나의 주인이 되면 소유의 개념이 발생하고 소유에는 필연적으로 집착이 따르며, 끝내 나의 욕망과 본능에 쉽게 빠져들기 때문이다. 나의 주인이란 결국 '내 욕망의 주인'인 셈이다. 주인이 되려고 하면 욕망과 집착의 덫에 빠지기 쉽고 수많은 판단 착오와 행동의 실수를 범하게 된다. 특히 너무 슬프거나 분노한 상태일수록 더더욱 나의 주인이 되어서는 안 된다. 슬픔과 분노의 주인이 되는 것만큼 위험한 일도 없다.

주인 대신 '관찰자'라는 말을 쓰면 어떨까? 마치 제3자가 보듯이 관찰하면 자기 자신을 있는 그대로 볼 수 있게 된다. 주인이 되려고 하면 욕망과 집착의 덫에 빠져 잘못된 판단과 행동의 실수를 범하게 되지만, 관찰자가 되면 욕망이 일어나는 것과 사라지는 것을 볼 수 있게 된다. 나아가 욕망을 관리하고 결국 그것을 극복할 수 있게 된다. 뿐만 아니라 관찰자의 태도는 나와 세상을 있는 그대로 그리고 동시에 볼 수 있는 입체적인 시야를 갖게 해준다. 나의 안과 밖을 함께 볼 수 있게 되면 욕망과 집착으로 인해 세상의 흐름을 보지 못하거나 세상에 휘둘려 나 자신을 둘러보지 못하는 어리석음을 피할 수 있다.

우리는 하루에도 수없이 많은 상황과 맞닥뜨리며 살아간다. 그리고 각각의 상황마다 반작용으로서의 감정이 생겨난다. 기쁨과 희망일 수도 있고 슬픔과 좌절일 수도 있다. 잊지 말아야 할 것은 그러한 감정 상태에서의 판단과 행동이 우리를 엉뚱한 곳으로 이끈다는 사실이다. 과도한 기쁨은 무리한 판단과 섣부른 행동으로 이어질 수 있고, 낙담과 절망은 소극적인 선택과 자조적인 행동으로 이어질 수 있다. 사람의 마음이란 이렇듯 시시각각 외부 상황에 따라 요동치기 마련이다. 하지만 나의 감정이 곧 나 자신은 아니며, 그런 감정의 주인 역시 내가 아니다.

있는 그대로 담담히 나를 보라. 그러면 물 흐르듯 가되 매사에 최선을 다할 수 있다. 외부 상황에 일일이 감정적인 대응을 하지 않고 일에 몰두할 수 있으며 결과에 집착하지 않게 된다. 일 자체를 즐기면 결과가 어떻게 나오더라도 그것으로 충분하다. 이것이 관찰자에게 주어진 평범하지만 당연한 행복이다.

세상의 흐름을
볼 수 있어야 한다

"저 친구는 반드시 성공할 거예요."
"왜 그렇게 생각하지?"
"워낙 성실한 데다 절대 포기하지 않는 성격이거든요. 무슨 일이건 끝을 보고야 마는 친구예요."
"그나저나 그 친구는 자기가 어디로 가는지 제대로 알고 가는 거겠지?"

간혹 누구보다 열심히 노력했지만 운이 없었다는 이야기를 들을 때가 있다. 세상이 자신의 노력을 알아주지 않았다며 낙담하는 그들에게 나는 예전에 TV에서 본 어느 다큐멘터리 이야기를 해주곤 한다. HDTV 기술을 개발하던 초기에 디지털 방식과 아날로그 방식을 놓고 고민하던 일본은 결국 아날로그 방식을 선택했다. 당시 대부분의 집에 아날로그 TV가 있었기 때문이다. 10년 후 일본은 아주 훌륭한 아날로그식

HDTV 기술을 개발했지만 얼마 못 가 무용지물이 되고 말았다. 시대가 너무 빨리 디지털로 바뀐 것이다. 개발에 참여했던 기술자는 인터뷰에서 "10년 동안 매일매일 도시락을 두 개씩 싸 갖고 다니면서 죽도록 연구에만 몰두했는데 모든 것이 허사가 되었다. 이제 다시 시작하는 수밖에 없다"고 탄식했다.

이런 예는 우리 주변에서도 쉽게 찾아볼 수 있다. 오래전 동네 비디오 대여점에 들렀을 때 나는 주인에게 '빨리 가게를 정리하고 다른 사업을 구상해보라'고 말했다. 디지털 시대가 오면 더 이상 비디오테이프를 빌리는 일이 없을 것 같아 걱정이 되었기 때문이다. 하지만 주인은 "장사가 이렇게 잘되고 있는데 무슨 소리냐?"며 의아해했다. 몇 개월 뒤 나는 주인이 가게를 정리하고 있는 모습을 보았다.

과거 농경 사회에서는 세상의 흐름이 그다지 중요하지 않았다. 그저 열심히 농사를 짓기만 하면 나머지는 자연이 알아서 수확을 결정지었기 때문이다. 그러나 오늘날은 다르다. 세상의 흐름에 둔감하면 아무리 열심히 노력해도 허사가 되는 경우가 생긴다. 일본의 HDTV 분야처럼 디지털 시대가 이렇게 빨리 올지 모르고 아날로그 기술 개발에만 전념했던 기업들은 모두 도태되지 않았던가? 반면에 디지털 시대가 올 것을 미리 알아차린 사람들은 남보다 먼저 인터넷 사업 등에 뛰어들어 크게 성공했다.

기술과 뚝심의 경쟁 시대는 이미 지났다. 이제는 변화하는 현실과 미래를 봐야 하는 '시야의 경쟁' 시대이다. 열심히 일하는 것만이 능사가 아니다. 시대의 흐름을 읽지 못하면 인생의 배는 산으로 올라가버린다.

1973년쯤부터 나는 중국어를 공부하기 시작했다. 그때만 하더라도 중국어를 가르치는 곳이 없어서 공부하는 데 아주 애를 먹었다. 어렵사리 중국어 강의를 하고 있는 학원을 발견했지만 그마저도 대만 사람이 가르치고 있었다. 그가 구사하는 중국어는 중국 본토 표준어인 북경어와는 억양과 발음 기호가 약간씩 달랐다. 어쨌든 중국어를 배워야겠다는 생각에 열심히 공부를 했지만 얼마 못 가서 강의가 없어졌다. 수강생이 고작 세 명뿐이었기 때문이다. 게다가 갑자기 군에 입대하는 바람에 나의 중국어 학습은 그대로 끝나버리고 말았다.

그 무렵 나는 틈만 나면 주변 사람들에게 앞으로 중국이 세계의 중심이 될 것이며 중국어를 배우면 나중에 큰 도움이 될 거라고 말했다. 하지만 사람들의 반응은 시원찮았다. 물론 내 말에 이의를 제기하는 사람은 단 한 명도 없었다. 다들 중국의 인구가 굉장하니 언젠가는 대국이 될 거라고 생각했기 때문이다. 그렇지만 중국어를 미리 배우고자 하는 사람은 거의 없었다. 그런데 지금은 어떤가? 다들 중국어를 배우려고 한다. 즉 '아는 것을 실천'하고 있다.

세상의 흐름을 안다는 것은 그저 '일리가 있다'며 이해하는 것과는 다르다. 머리를 끄덕이기만 하는 것은 사실 모르는 것과 같다. 정말로 안다는 것은 '아는 것을 실천한다'는 뜻이기 때문이다. 또한 세상의 흐름을 안다는 것은 사람들의 반응이 시큰둥할 때 자기 혼자 그렇다고 느끼는 상태를 말한다. 사람들의 반응이 뜨거우면 이미 너무 많이들 알고 있다는 뜻이며 그때는 세상의 흐름이라는 것도 별 의미가 없다. 예를 들어 '지금은 디지털 시대'라고 말한다고 해서 세상의 흐름을 안다고 할 수는 없다. 모두가 디지털 시대라는 것을 알고 있기 때문이다. 남들이 알아차리기 전에 먼저 세상의 흐름을 알아야 한다.

"세상의 흐름? 그거야 트렌드 전문가의 몫이 아닌가요?"

사람들은 세상의 흐름을 알기 위해서는 트렌드 분석이나 미래 예측과 같은 전문적인 지식이 필요하다고 생각한다. 먹고 살기조차 바쁜 평범한 사람들에게 세상의 흐름 따위가 무슨 상관이냐는 식이다. 부유하건 가난하건, 전문가이건 비전문가이건 세상은 우리 모두에게 공평하게 흐른다. 세상의 흐름을 파악하는 일은 누구에게나 주어진 기본적인 의무인 셈이다.

과거에는 부부가 모두 일을 했다. 특히 여자들은 하루 종일 집안일을 하면서 틈틈이 남자를 도와 함께 농사를 지어야 했다. 여자가 직업을 갖지 않고 가사일만 전담해도 될 만큼 남자가 돈을 벌게 된 것은 비교적 최근의 일이다. 그러나 이런 현상도 급속히 사라지고 이제 여자도 남자와 함께 돈을 벌어야지만 가정을 꾸릴 수 있는 세상으로 다시 바뀌고 있다. 요즘엔 배우자가 집안일만 하기를 바라는 남자들은 거의 없다. 이런 흐름을 이해한다면 여학생들이 졸업 후 직장을 구할 때 좀 더 신중한 판단을 내릴 수 있을 것이다. 평생직장을 염두에 두어야 한다는 뜻이다.

젊은이들은 트렌드에 민감하고 어떡하든지 출세하기를 바라면서도 막상 세상의 흐름에는 둔감한 편이다. 과거에 비해 지나칠 정도로 현실적이라는 비판까지 들으면서도 막상 세상이 어떻게 돌아가는지 잘 알지 못한다. 그저 무엇이 더 좋고, 무엇이 자기에게 더 이익인가에만 관심을 둘 뿐이다. 예를 들어 당장 '어떤 직장의 연봉이 더 많고, 어떤 직장이 덜 피곤한가?'라는 것은 잘 알지만 미래에 어떤 직업이 좋을지, 또 어떤 인재를 필요로 할지에 대해서는 잘 알지 못한다. 미래의 조직은 어떻게 변화할 것인가? 앞으로 자본주의 사회가 어떤 식으로 발전할 것인가? 미래의 정치 지형은 어떻게 바뀔 것인가? 이런 사안에 대해서도 너무나 무관심하다. 그렇게 좁은 시야와 단기적 관점으로는 세상의 흐름을 결코 파악할 수 없다.

『시사저널』은 어느 대기업 인사 담당자의 말을 인용해 '신 3대 기피족'에 대한 기사를 실은 적이 있다. 신 3대 기피족이란 첫째 유학파 MBA 출신, 둘째 서울대 출신, 셋째 강남 부유층 출신을 말한다. 기업에서 이들을 기피하는 가장 큰 이유는 이직률이 배 이상 높기 때문이라고 한다. 기업들은 더 이상 온실 속 화초처럼 곱게 자란 화초형 인재들을 필요로 하지 않는다.

화초형 인재들이 인기를 잃으면서 대신 그 자리를 채우고 있는 것이 이른바 '잡초형 인재'들이다. 이들은 학벌이나 토익 점수가 크게 뛰어나진 않지만 풍부한 경험과 현장 적응력 등 자생력을 갖춘 인재들이다. 이러한 인재를 선호하는 방향으로 기업의 채용 트렌드가 바뀌면서 바야흐로 잡초형 인재의 전성시대가 열리고 있는 것이다. 이것 역시 세상의 새로운 흐름이다. 이런 흐름을 아는지 모르는지 아직도 스펙(Spec, Specification의 약어로 직장을 구하는 사람들 사이에서 학력·학점·영어 점수 따위를 통칭하는 말) 쌓기에만 전념하는 젊은이들을 보면 정말 답답할 따름이다.

세상의 흐름을 알아야 하는 까닭은 비단 경제적 이득이나 직장에서의 경쟁력 때문만은 아니다. 그 무엇보다 인생의 밑그림을 제대로 그리기 위해서 우리는 세상의 흐름을 볼 수 있어야 한다. 자기 자신을 제대로 보는 것만으로는 부족하다. 나와 세계가 분리되어 있지 않기 때문이다. 개인의 피눈물 나는 노력은 가상하지만 그것이 세상의 흐름과 동떨어져 있다면 언제든 다시 시작해야 할지도 모른다.

도시락 두 개를 싸들고 다니며 아날로그 HDTV 기술 개발에만 10년을 바친 일본의 기술자나 동네 비디오 대여점 주인 모두 세상의 흐름을 보지 못했다는 점에서는 별반 다르지 않다. 둘 다 한쪽 눈을 감고 있었던 셈이다.

눈이 두 개인 까닭은 '나'와 '세상'을 동시에 보기 위해서다. 세상의 흐름을 안다는 것은 나와 세상을 동시에 본다는 의미이며, 이러한 시선 위에서 인생의 밑그림을 그려야 한다.

세상의 들러리가 될 것인가, 상식의 덫을 걷어찰 것인가

"인생 계획이요? 음……, 일단 졸업하면 회사에 취직할 겁니다. 그리고 5년 안에 결혼해서 아이를 낳고 집을 장만해야죠. 그리고 또……."
"그게 인생 계획이야?"
"그럼요. 은퇴 후의 인생까지도 계획해놓은 걸요?"
"정말로 그게 인생 계획이란 말이야?"

세상의 흐름과 자기 자신을 있는 그대로 보게 되면 지금까지와는 다른 생각, 다른 행동으로 삶을 변화시킬 수 있는 시야를 얻을 수 있다. 있는 그대로 본다는 것은 자신의 생각과 행동이 그동안 주어진 통념과 고정화된 사고방식 안에서만 맴돌고 있었다는 사실을 깨닫는 기회가 되기 때문이다.

나는 이따금 아프리카 세렝게티 초원에서 대이동을 하는 초식 동물

무리와 우리의 삶을 연관시켜보곤 한다. 우리의 삶을 높은 곳에서 내려다본다면 어떤 모습일까? 어쩌면 세렝게티 동물 무리의 이동처럼 정해진 길로만 우르르 몰려가는 것처럼 보이지는 않을까?

대부분의 젊은이들은 초등학교, 중학교, 고등학교, 대학교를 거쳐 취업을 하고 그 다음엔 결혼해 아이를 낳는다. 그리고 자녀들이 자신과 똑같은 과정을 '보다 성공적으로' 걸어갈 수 있도록 밤낮으로 고군분투하며 돈을 번다. 모든 것이 상식적이고 기계적이다. 어쩌면 그렇게들 천편일률적으로 똑같은 생각을 하는 것일까? 삶을 사는 것이 아니라 쫓기듯이 밀려서 살아가는 것처럼 보일 정도다.

취업하지 말고 결혼하지 말라는 얘기가 아니다. 오로지 그 길밖에 없다는 마취에서 깨어나라는 얘기다. 모두들 자기만의 삶을 살고 있는 거라 주장하지만 사실은 일상적이고 보편적인 삶을 사는 것에 불과하다. 누구나 계획을 세운다고 하지만 따지고 보면 계획 없이 살고 있다.

"아무래도 어학연수나 배낭여행, 워킹 홀리데이 중에서 하나는 꼭 가야 할 것 같아요. 안 간 친구들이 없거든요."

"모두가 하는 거라면 스펙에 별 도움이 안 될 텐데? 그나저나 왜 취업만 생각하지? 또 취업한다고 해서 왜 굳이 기업만 고집해?"

"다들 그렇게 하잖아요."

실제로 학생들과 이야기를 나눠보면 사고가 마비된 양 다른 대안은 생각조차 못하고 있다는 사실을 쉽게 발견할 수 있다. '다들 그렇게 살잖아요?'라며 당연히 가야 할 길이라는 허상에서 벗어나지 못하고 있는 것이다.

젊은이들이 믿고 있는 엉터리 정보는 생각보다 심각하다. 취업, 유학, 대학원 진학에 관한 정보 가운데 상당수는 근거 없는 오류투성이 정보다. '그런 얘기는 다 어디서 들었어?'라고 물어보면 대부분 친구나 선배들에게서 들었다고 대답한다. 직장이나 결혼, 육아와 노후 설계에 대한 구체적 계획도 상식의 한계를 벗어나지 못한다. 얼핏 들으면 그럴싸해 보이지만 하나하나 따져 물으면 자신이 겪은 일과 주변으로부터 얻은 정보의 테두리에서 한 발짝도 벗어나질 못하고 있다는 걸 알 수 있다. 결국 인간은 머릿속에 저장해둔 과거의 경험과 교육에서 자유로울 수 없으며, 그런 식으로 고정화된 이미지와 정보의 노예에 불과하다. 우리는 인간이 이러한 존재라는 사실을 직시할 수 있어야 한다.

상식적이고 기계적으로 사는 사람들은 자기 자신을 있는 그대로 보려는 노력조차 하지 않는다. 세상에 순응하는 것이 우선이기 때문에 '나'는 없고 '남의 눈'만 있다. 남들이 좋아하는가, 남들이 어떻게 생각하는가에 의한 선택만이 있을 뿐이다. 물론 그렇게 살면 마음이 편하다는 이점이 있다. 남들이 이미 걸었던 반질반질한 길만 따라가면 되기 때문이다. 하지만 사람은 결코 획일적이지 않기 때문에 자기에게 맞는 길을 가지 않으면 결국 대다수가 실패하고 만다. 특히 시장 자본주의에서는 오직 소수만이 성공하며 승자가 모든 것을 독식한다. 그 소수들에게만 영광의 월계관이 씌워질 뿐 나머지는 들러리에 불과하다.

그럼 이제부터 어떻게 할 것인가? 세상의 질서에 그저 휘둘리기만 할 것인가?

다시 한 번 있는 그대로 나를 본 뒤에 세상을 바로 보고 인생을 설계해야 한다. 인생의 밑그림은 세상에 대한 나의 능동적 선택이며 세상에 휘둘리지 않는 도전적 결정이다. 스스로 질문해보라.

'나는 획일적인 길을 가면 성공할 수 있는 유형인가?'

벗어나야 한다. 상식으로부터, 규격화된 고정 관념으로부터, 그리고 과거의 모든 도그마로부터 벗어나야 한다. 세상은 계속 변하는데 정작 나의 생각이 고정되어 있다면 그 자체만으로도 큰 문제인 것이다.

『포브스(Forbes)』가 선정한 일본 최고 갑부인 손정의 소프트뱅크 회장에게서 우리는 탈상식적 사고방식의 예를 볼 수 있다. 일본 고등학교를 자퇴하고 미국 고등학교에 편입했을 때 그는 교장에게 '너무 쉽다'는 이유로 한 학년을 올려달라고 청했다. 교장은 그의 뜻을 받아들여 한 학년을 올려주었는데, 며칠 뒤 그는 거기서 또 한 학년을 올려달라고 부탁했다. 결국 그는 2주 만에 고교 과정을 끝낸 뒤 대학 입학자격 검정시험에 합격했다고 한다. 대부분의 사람들은 설령 교과 과정이 아무리 쉬워도 학년을 올려야겠다는 생각까지는 하지 못한다.

그의 탈상식적 사고는 여기서 그치지 않는다. 디국 UC 버클리 입학시험 때도 그는 일본어로 시험을 보기 위해 캘리포니아 주지사를 직접 만나 담판을 짓기도 했다. 그는 또 일본에 귀화할 때 한국 성을 유지한 최초의 인물로도 유명하다. 일본에는 자국으로 귀화하려면 반드시 단 한 명의 일본 사람이라도 갖고 있는 성씨를 사용해야 한다는 규정이 있다. 그래서 그동안 재일 교포들은 귀화할 때 모두 일본 성씨를 채택할 수밖에 없었다. 여기서 손정의 회장은 그간 아무도 생각하지 못했던 놀라운 반전을 만들어냈다.

일본도 미국처럼 결혼한 여자는 남편의 성을 따르기 때문에 손정의 회장이 귀화할 당시 부인의 성은 '손'씨로 바뀌어 있었다. 여기서 손정의 회장은 자기 아내가 일본 사람이고 성이 손씨이니 그 성으로 귀화하겠다고 자신이 처한 상황을 역으로 이용해 결국 '손정의'란 이름으로 등록할 수 있었다. 그리하여 현재 10만 개가 넘는 일본의 성씨 가운데 '손씨'가 생겨난 것이다.

무엇이 그로 하여금 이런 탈상식적 사고를 가능하게 했을까? 그가 워낙에 뛰어난 사람이고 우수한 두뇌를 가졌기 때문일까? 이는 구경꾼들의 게으른 핑계일 뿐이다. 남들이 당연하다고 생각하는 것에 의문을 갖고 정형화된 사고방식에서 벗어나려면 남들처럼 기계적인 삶을 살지 않겠다는 자기 확신이 필요하다. 그리고 그것은 자기만의 '인생의 밑그림'이 있을 때 가능하다. 손정의 회장에게는 30대, 40대, 50대에 각각 무엇을 해야겠다는 평생의 밑그림이 있었다. 이 때문에 그의 탈상식적 사고와 행동이 가공할 만한 위력을 발휘할 수 있었던 것이다.

모두가 당연하다고 믿는 생각과 주어진 통념 안에서 그저 남들이 하는 대로 따라 하면 평균에서 벗어날 수 없다. 인생의 밑그림 없이 무작정 상식을 이탈하면 별 볼 일 없는 괴짜의 삶으로 전락할 수도 있다. 평범한 사람일수록 인생의 밑그림 위에서 탈상식적 사고와 행동을 해야 평균에서 벗어날 수 있는 것이다.

예측할 수 없다면 적응하라

"세상이 어떻게 흘러가고 있는지 도무지 종잡을 수가 없어요. 어떡하면 세상의 흐름을 파악할 수 있을까요?"
"그 흐름을 파악하기란 정말 어려워. 대충 큰 그림만 따라잡기도 버겁지."
"큰 그림조차 가늠하기 힘들면 어떻게 해야 하죠?"
"예측하기 어려운 것을 예측하느라 에너지를 소비하기보다는 적응하려고 노력하는 게 나을 거야."

아직 컴퓨터가 대중화되기 전, 나는 미국에서 유학하는 동안 컴퓨터에 대한 수많은 예측들을 접할 수 있었다. 만일 그때 그 예측들이 다 맞았다고 가정한다면 오늘날 모든 조직에는 슈퍼컴퓨터 하나만 있고 사람들은 단말기를 통해 그것을 공동으로 사용하고 있어야 한다. 그런데 얼마 지나지 않아 PC(Personal Computer), 즉 개인용 컴퓨터가 등장해 사람들을 깜짝 놀라게 했다. 물론 그때도 PC끼리 네트워크를 구성해 복잡한 수학 문제를 공동으로 계산하거나 서로 파일을 주고받는 단계까지는 상상하지 못했다. 앞으로도 컴퓨터가 어떻게 그리고 얼마나 진화할지는 그 누구도 정확히 알 수 없다. 그때나 지금이나 변화를 예측하고 미리 준비해 어마어마한 성공을 거둔 인물들이 있지만 우리들 대부분은 숨가쁜 변화의 흐름을 따라가기에도 벅차다.

어느 날 고시에 합격한 제자가 어느 부처로 가면 좋을지 고민이라며 찾아왔다.

"글쎄, 옛날에는 문화체육관광부가 별로였지만 지금은 인기 최고지. 고용노동부나 보건복지부도 기피하는 부처였는데 얼마 전부터는 장래성이 있다고 우르르 몰려든단 말이야."

"그럼 만약에 취업을 한다면 어떤 회사가 좋을까요?"

"흠, 내가 학교 다닐 때만 해도 종합무역 상사가 제일 좋은 직장이었지. 증권 회사도 꽤 인기를 누렸어."

"선생님, 요즘은 둘 다 별로 인기 없어요. 뭐니 뭐니 해도 공무원이나 교사가 최고 아닌가요?"

"그런가? 하지만 그 인기란 게 지금까지 계속 바뀌어왔잖아. 어쩌면 21세기에는 훨씬 더 빨리 바뀌지 않을까? 미국의 경우엔 지금 공무원이나 교사가 별로 인기가 없거든. 어쩌면 우리도 복지 국가가 되고 6시에 땡! 하고 퇴근하는 직장 문화가 정착되면 공무원이나 교사의 인기도 시들해질 걸? 게다가 세계 노동 시장의 장벽이 없어진다고 가정해봐. 봉급이 적은 미국 교사들이 한국에 취업하러 올지도 몰라."

"선생님, 그럼 어떡하죠? 눈 감고 아무거나 찍을 수도 없고……."

제자의 말처럼 눈 감고 아무거나 찍을 수밖에 없을 것 같은 세상이다.

불확실성의 시대인 오늘날, 미래를 예측하거나 세상의 흐름을 파악하기란 쉽지 않다. 어떤 분야는 큰 흐름만 대충 읽을 수 있거나 아니면 아예 파악조차 하기 어렵다. 쉴 새 없이 세분화되고 전문화되는 복잡한 세상에서 그 흐름을 제대로 파악하기에는 분명 한계가 있다. 그럼에도 불구하고 세상의 흐름에 역행하지 않으려면 우리는 최소한의 굵직한 흐름만이라도 파악해야 한다.

과거에는 모든 세부 사항까지 중앙에서 기획해 아래로 내려보내는 상의하달식 청사진이 기획의 핵심이었다. 반면 오늘날에는 중앙에서 큰 흐름과 방향만을 기획하고 세부 내용은 하부에 위임하는 분권형 기획이 대세다. 각 집행부서는 큰 흐름과 방향의 범위 안에서 구체적인 기획을 해야 하는데, 문제는 미래를 상세하게 예측할 수 없다는 데 있다. 따라서 이에 대한 대비책으로 변화하는 시장에 순발력 있게 대응하고 위기를 헤쳐 나가는 '적응력'을 강화하는 데 전념하고 있다.

미래를 예측하는 데 너무 많은 에너지를 소비할 필요는 없지만 큰 흐름과 추세, 그리고 앞으로의 방향은 너무나 중요하다. 다만 큰 흐름 이외의 세부 사항은 구체적으로 예측할 수 없기 때문에 앞서 말한 적응력을 길러야 한다. 만일 큰 흐름조차 파악하기 어려울 만큼 앞이 캄캄하다면 더더욱 적응력을 기르는 것만이 최선의 방편이다.

닷컴 문화의 개척자이자 포털의 대명사로 불렸던 야후가 15년 만에 한국에서 철수한 원인은 '적응 실패'였다. 1997년 한국 시장에 진출해 2000년대 초까지 국내 최대 포털 사이트 자리를 지켜온 야후였지만, 한국 시장에 적응하려는 노력보다는 미국 방식만을 고수하다가 결국 네이버와 다음, 구글에 밀리고 말았다.

적응이란 자신을 둘러싼 환경과의 적극적인 상호 작용을 뜻한다. '영원한 승자는 없다'라는 말처럼 어제까지의 능력만으로 내일을 살아가기란 어렵다. 또 누구나 성공을 꿈꾸며 걱정 근심 없이 살아가기를 바라지만 사실 그렇게 안정적이며 변화 없는 상태란 존재하지 않는다. 다만 수시로 변하는 환경에 유연하게 적응하며 함께 변화하는 현재 진행형의 삶만 있을 뿐이다. 어쩌면 삶의 반대는 죽음이 아니라 '더 이상 변화할 필요가 없는 상태'일지도 모른다.

미래를 예측할 수 없기 때문에 인생의 밑그림을 그릴 때는 항상 최악의 사태까지 대비해야 한다. 특히 젊은이들은 4, 50대 이후의 상황까지도 고려해야 한다. 비록 얼마 지나지 않아 인생의 밑그림을 수정해야 한다고 해도 먼 미래까지 염두에 두는 설계가 필요하다.

인생의 밑그림은 미래를 위한 일종의 보험과도 같다. 앞으로 우리에게는 상상도 못한 일들이 얼마든지 닥칠 수 있다. 게다가 21세기는 끔찍한 자연재해, 인간 사이의 갈등으로 인한 재앙 등 도저히 일어날 것 같지 않은 일들이 빈번하게 일어날 수 있는 시대이다. 그러나 최악의 사태까지 염두에 두고 그린 인생의 밑그림이 있다면 든든하다. 나의 인간관과 세계관에 기초한 인생의 밑그림은 세상의 그 어떤 파도에도 흔들리지 않는 바위처럼 내 삶을 지탱해주기 때문이다.

마지막으로 변한 게
언제였더라

"사장님께서는 어떤 사람이 유능한 인재라고 생각하십니까?"
"변화를 사랑하는 사람입니다."
"변화도 물론 중요하지만 과연 그게 가장 중요한 요소일까요?"
"우리 업종은 경쟁이 너무 치열해서 1등이라고 방심하면 언제 2등, 3등으로 전락할지 모릅니다. 이런 상황에서는 과거의 방식만을 고집하면 100% 망합니다. 그런데도 변화를 거부한다면 제아무리 머리 좋고, 학벌 좋고, 인간관계가 좋아도 소용없습니다. 성공 확률이 50%밖에 안 되더라도 변화하는 사람이 유능한 인재입니다."

변화를 사랑하는 사람은 적응력이 뛰어난 사람이다. 인생의 밑그림은 완성된 작품이 아니며 본질적으로 변화를 지향한다. 또한 인생의 밑그림은 미래를 향한 변화를 담고 있어야 한다. 따라서 적응력이 없으면 결코 이 그림을 완성할 수 없다.

일단 적응력이란 변화를 잘하는 능력이다. 로드아일랜드 디자인 스쿨의 존 마에다 총장은 '창조성이란 무엇인가?'란 질문에 다음과 같이 대답했다.

"예술가와 디자이너들은 늘 비평 속에서 살아간다. 그리고 스스로 '왜?'라는 질문을 끝없이 되풀이하며 매순간 서슴없이 마음을 바꾼다. 한마디로 그들은 변신에 완전히 열려 있는 존재다."

비단 예술가나 디자이너들에게만 해당하는 말이 아니다. 저마다 인생의 밑그림이라는 자기만의 작품을 완성해 나가고 있는 우리 모두에게 공통적으로 필요한 것이 바로 변화하는 능력이다. 우리는 끝없이 변하는 세상과 나 자신을 언제나 비평적인 시각으로 봐야 하고 스스로에게 '왜?'라는 질문을 되풀이해야 한다. 그리하여 매순간 서슴없이 마음을 바꿀 수 있어야 하고 변화에도 유연히 대처해야 한다. 과거에는 소위 냄비근성이다, 조변석개(朝變夕改, 아침저녁으로 뜯어고친다는 뜻으로 계획이나 결정 따위를 일관성 없이 자주 바꾼다는 의미)다 해서 변화와 변신이 단점으로 지적되었지만 오늘날에는 생존을 위해 반드시 필요한 능력이 되었다.

변화하고 변신하는 능력을 키우기 위해서는 꾸준히 연습해야 한다. 그러나 사람들은 혼자서 테니스 연습을 하거나 땀을 뻘뻘 흘리며 골프 스윙 연습은 하면서도 정작 변화하는 연습에 대해서는 무지한 편이다.

사실 변화란 원래 두려운 것이다. 인간을 포함한 모든 동물들은 변하는 것, 낯선 것, 잘 알지 못하는 것에 본능적으로 공포를 느낀다. 낯선 고장에서의 생활이 두려워 평생 이사를 가지 않는 사람이 있는가 하면, 새로운 만남이 두려워 늘 똑같은 친구만 만나는 사람도 있다. 많은 사람들이 익숙한 것에서 조금만 벗어나도 불안해하며, 결국 변화를 거부하고 현실에 안주한다. 하지만 현대 사회는 어느 분야에서나 안주하는 것이 사실상 불가능하며, 그것은 곧 도태를 의미한다. 제 아무리 성실하게 일한다 해도 어느 날 갑자기 퇴출당할 수 있으며 꿈에서조차 상상하지 못한 일에 직면할 수도 있다.

우리는 변화하는 연습을 해야 한다. 학생일 때 변화를 연습하지 않으면 나중에 사회생활을 하면서 변화에 직면할 때마다 두려워하면서 자연스레 변화를 회피하게 된다. 그러니 늘 변화할 수 있는 습관을 길러야 한다. 변화의 필요성을 잘 알고 있어도 변화를 꿈꾸기만 하는 것과 실제로 변화하는 것은 다르다. 변화하려는 마음이 생기기만을 기대한다면 영원히 기다리기만 하다가 끝날 수도 있다.

어느 날 연구실 벽을 새로 페인트칠할 때의 일이다. 나는 도장공에게 물었다.

"늘 흰색으로만 칠하시던데 혹시 다른 색을 고를 수는 없나요?"

도장공은 놀란 표정을 지었다. 여태껏 그런 질문을 받아본 적이 없었기 때문이다.

"글쎄요, 전례는 없지만 불가능한 건 아니죠. 헌데 어떤 색을 원하십니까?"

"샘플을 좀 보여주시죠."

나는 작은 네모 칸에 수많은 색을 표시해놓은 색상 카탈로그를 하나하나 살펴봤다. 색상 샘플이 워낙 작아서 실제로 페인트칠을 했을 때 어떤 느낌일지 가늠하기 어려웠다. 나는 고민 끝에 개나리꽃처럼 노란 페인트를 선택했다.

"정말 이 색으로 하실 겁니까?"

"한번 해봅시다."

나는 과연 노란색 연구실이 어떤 분위기를 자아낼지, 혹시 방을 완전히 망쳐버리는 건 아닐지 약간 걱정스럽기도 했지만, 한편으로는 은근히 기대가 되기도 했다.

　마침내 페인트칠이 다 끝났을 때 나는 미소를 지었다. 약간 옅은 색으로 칠했더라면 하는 생각도 있었지만 그래도 꽤 훌륭했다. 흰색 벽이었을 때는 꼭 병실 같은 느낌이었고 그나마 액자라도 없으면 벽이 너무 휑뎅그렁했었다. 희한하게도 노란색 벽은 비어 있는데 허전하지 않았다. 여기에 벽 쪽으로 핑크색 소파를 갖다 놓았더니 사진 찍기에 아주 훌륭한 배경이 된 건 덤이었다. 나는 고려대학교에 단 하나밖에 없는 '노란색 방'을 가질 수 있어서 정말 만족스러웠다. 방문하는 사람들도 새롭다며 신기해했다. 방의 분위기가 달라져서인지 사람들과 나누는 이야기도 예전보다 훨씬 자유롭고 마음도 차분히 가라앉는 듯한 느낌이 들었다.

　나는 왜 흰색 벽을 노란색으로 바꾸었을까? 사실은 내가 변화 지향적이어서 노란색을 칠한 것이 아니라 노란색을 칠하고 난 뒤부터 변화 지향적으로 바뀌었다는 표현이 맞을 것이다. 단지 페인트 색깔 하나만 바꿨을 뿐인데 이렇게 달라질 수 있다면 앞으로도 이런 사고를 자주 쳐야 하지 않을까? 그럴수록 나는 점점 더 변화를 지향하게 될 것이다.

　일단 뭐든지 바꿔보자. 내가 벽을 노란색으로 칠한 뒤에야 변화 지향적인 마인드를 갖게 된 것처럼 의도적으로 변화함으로써 변화하려는 마음을 만들고, 또 점점 그 변화에 익숙해지도록 하는 것이다.

　방 안의 가구 배치만 바꿔도 기분이 달라지고 생활 태도에 변화가 생긴다. 오랫동안 변한 것이 없거나 변하기 힘들겠다는 생각이 든다면 머리에 염색이라도 해보라. 나는 방학이 끝나고 새로운 학기가 시작될 때마다 학생들에게 이렇게 묻곤 한다.

"방학 중에 뭐 변한 거 없어?"

"그다지 변한 건 없는 것 같아요."

"그럼 머리에 염색이라도 해봐."

머리 색깔이 변하면 당연히 기분도 달라지고 왠지 변화 지향적으로 바뀌는 듯한 느낌을 받는다. 낯선 '나'에겐 익숙한 '나'가 하지 못한 일들을 시도해볼 가능성이 커진다. 변화의 효과는 거기서부터 시작된다.

❋

변화하는 연습은 어디까지나 스스로 계획하고 스스로 실천해야 한다. 마지못해서 혹은 상황에 몰려 수동적으로 반응하는 것은 온전한 변화라고 할 수 없다. 나 자신과 주변을 잘 둘러보라. 변화를 연습해볼 기회는 무궁무진하다. 늘 똑같은 패턴, 똑같은 방법으로 해오던 것들을 바꿔보는 것이다.

유학 시절 나는 공부하기 전 약간의 긴장 이완을 위해 맥주를 한 캔씩 마시곤 했다. 특히 운동장을 몇 바퀴 돌고 나서 샤워를 한 뒤에 마시는 차가운 맥주는 공부의 활력소였다. 그런데 사실 맥주는 체질적으로 내게 맞는 술이 아니었다. 술을 잘하는 편이 아니어서 딱히 마땅한 술을 찾기도 어려웠다. 나는 맥주가 아닌 다른 술로 바꾸고 싶었다. 그러던 어느 날, 슈퍼마켓에서 우연히 석류를 보았다. 예쁜 색깔의 석류를 보는 순간 갑자기 '저걸로 술을 담가보면 어떨까?' 하는 생각이 떠올랐다. 석류를 소주에 담근 다음 차갑게 해서 하루에 한 잔씩 마시면 맥주보다 훨씬 나을 것 같았다. 안타깝게도 그 당시 미국에서는 우리나라 소주를 구할 방법이 없었다.

　나는 궁여지책으로 소주와 가장 비슷해 보이는 러시아 보드카를 사 가지고 기숙사로 돌아왔다. 그러고는 커다란 유리병 안에 석류와 함께 보드카를 가득 넣은 다음 초를 녹여 병 입구를 꼭꼭 막았다. 그것은 난생처음 내가 만든 술이자 세상에 하나밖에 없는 석류 보드카였다. 나는 경건한 마음으로 유리병을 옷장 속에 고이 모셔두었다. 밤늦게까지 공부하는 동안 몇 번이고 옷장 문을 열어 그 아름다운 색깔의 석류 보드카를 꺼내 보았다. 술맛도 기가 막힐 것 같았다. 강의실에서도 아무도 모르게 나 혼자만의 설렘과 기대를 한껏 즐겼다.

　그렇게 하루하루 술이 익어가던 어느 날, 강의가 끝난 뒤 기숙사로 돌아왔을 때 어디선가 술 냄새가 나고 있었다. 내 방문 앞에 이르자 냄새는 극에 달했다. 나는 불안한 마음으로 방문을 열었다. 그 순간 내 눈앞에 마치 판도라의 상자를 열어버린 것 같은 난장판이 펼쳐졌다. 옷장 속에 있던 석류 보드카가 폭발했는지 사방팔방에 병 조각과 석류가 흩어져 있었고 옷과 이불까지 온통 보드카로 범벅이 되어 있었다.

　촛농으로 밀폐한 유리병이 화근이었다. 술과 석류가 발효하면서 가스가 가득 차는 바람에 폭발한 것이었다. 어쨌든 며칠 동안 나를 행복하게 했던 석류 보드카는 영영 사라졌고, 그날 오후 내내 기숙사 친구들에게 들키지 않기 위해 부랴부랴 방 안을 치워야 했다. 사소한 변화를 위해 시도했던 행동이 실패로 돌아가긴 했지만 그래도 후회는 없었다. 덕분에 나는 기숙사 방의 가구를 새로 배치할 수 있었고 나에게 맞는 술을 찾기 위해 여러 종류의 술을 시음해보는 과감함까지 갖게 되었다.

과거의 나, 익숙한 나에 안주할수록 적응력은 떨어지기 마련이다. 늘 무의식적으로 똑같은 일만 반복했다면 이제 머릿속에 '좀 색다르게 해볼까?'라는 변화의 스위치를 마련해보라. 가구 배치를 달리하든 머리에 염색을 하든 다 좋다. 하다못해 옷장에 넣어둔 오래된 옷이라도 다시 끄집어내어 새롭게 코디해보자.

"아무리 그래도 머리에 염색을 하라는 건 좀 그렇지 않나요?"

염색이 두렵다면 헤어스타일이라도 바꿔보자. 어쨌거나 이래저래 자꾸 변화하는 연습을 해보는 게 중요하다. 그래야 변화에 대한 심리적 불안감을 서서히 없앨 수 있다. 사실 변화하는 연습을 하다 보면 변화할 때마다 생기는 불안감이 대충 엇비슷하다는 걸 알게 된다. 생전 처음 보는 음식을 먹어볼 때나, 한 번도 가지 않은 길을 걸을 때의 느낌은 크게 다르지 않다. 우리의 몸과 마음은 어떡하든 적응하려는 성질이 있기 때문에 일단 '미지(未知)'라는 이름의 관문만 통과하고 나면 금세 익숙해진다. 이러한 불안감을 극복하고 나면 변화가 쉬워지고 점점 더 큰 변화를 모색할 수 있게 된다.

요즘은 변화 그 자체만으로 의미가 있다고 말한다. 꼭 이유가 있을 필요는 없다. 오랫동안 변화하지 않았다면 그것만으로도 변화해야 하는 이유가 된다. 환경이 요구해서, 상황이 어쩔 수 없어서, 위기를 탈출하기 위해서 변화하는 것이 아니라 스스로 설계해 변화를 일구어내야 한다. 그리고 항상 '마지막으로 변한 게 언제였더라?' 하고 자문하는 습관을 가져야 한다.

'긍정적으로 생각하라'는 말에도 함정은 있다

"앞으로는 힘든 일이 닥쳐도 가능하면 좋은 점만 봐야겠어요."
"왜 좋은 점만 보려고 하지?"
"긍정적인 게 좋으니까요."
"좋은 점만 보면 긍정적이 되나? 좋은 점과 나쁜 점을 모두 보고도 긍정적인 마음을 가져야 진짜 긍정이지. 좋은 점만 보려고 노력하면서 억지로 긍정적인 마음을 갖는 것은 위험하지 않을까? 좋건 나쁘건 어느 쪽으로도 마음이 기울거나 흔들리지 말아야 해."

학생들이 미국 대학원에 지원하면 결과가 나올 때까지 몇 개월이 걸린다. 입학 여부를 알 수 없기 때문에 학생들은 초조한 마음으로 이 기간을 보낼 수밖에 없다. 이때 사람들의 마음 자세는 크게 두 가지 형태로 나타난다. 어떡하든 좋은 쪽으로 생각하려는 낙관적 자세와 자꾸 불안해하며 좋지 않은 결과만 생각하는 비관적 자세가 그것이다. 대부분의 사람들은 부정적인 마음보다는 긍정적인 마음을 가지라고 조언한다.

긍정이든 부정이든 이 기간을 속절없이 흘려보낸다는 점에서는 큰 차이가 없다. 실제로 결과를 낙관하는 학생이나 비관하는 학생 모두 일이 손에 잡히지 않고 마음도 붕 뜬 상태로 무작정 시간을 허비하는 경우가 대다수다. 그럼에도 불구하고 사람들은 긍정적인 마음을 가져야 한다고 말한다.

우리는 지금 그 어느 때보다 긍정을 신봉하는 사회에 살고 있다. 하지만 좋은 점만 본다고 해서 아직 '긍정적'이라고 말할 수 있는 단계는 아니다. 긍정에 이르는 길은 생각보다 꽤 어려울 수 있다. 나쁜 점과 좋은 점을 모두 본 뒤에도 포기하거나 외면하지 않고 밝은 쪽으로 향하는 마음이라야 진짜 긍정이기 때문이다. 나쁜 점에 대해서는 눈을 감고 그저 좋은 점만 보려고 하는 것은 가짜이며 '반쪽 긍정'이다.

긍정과 낙관의 반대편에는 부정과 비관이 있다. 이처럼 긍정과 부정, 낙관과 비관이라는 이분법 안에서 우리의 마음이 과연 자유로울 수 있을까?

특히 긍정의 극단에는 '감사하는 마음'이 있다. 이런 마음 자세는 아름답지만 어쩌면 모든 것을 합리화하는 건 아닌지 스스로 되돌아볼 필요가 있다. 힘들거나 좌절할 때마다 우리는 어떡하든 그 상황에서 벗어나려고 한다. 그럴 때 낙관적이거나 감사하는 태도는 매우 반가운 피난처를 제공한다. 당장은 그런 감상적인 위로가 더 편하겠지만 마음은 여전히 불편하다. 순간의 심리적 위안만으로 문제가 다 해결되는 건 아니기 때문이다. 마음이 불편해지면 우리의 뇌는 자동적으로 합리화를 시도한다. 그러나 이런 식의 합리화는 결국 자기 자신과 세상을 바르게 보지 못하게 만들고 의사 결정의 오류와 행동의 실수까지 초래한다.

예를 들어 끝이 보이지 않는 가난마저 늘 긍정적으로 받아들이고 매번 힘든 상황이나 불공평한 처지에 몰리면서도 매사에 감사하며 살아야 할까? 욕심 부리지 않고 가진 것에 만족하며 살라는 말도 일리는 있지만 그것을 회피의 수단으로 삼고 있는 건 아닌지 스스로 냉정하게 들여다봐야 한다.

삶과 현실에 대한 책임과 노력이 없는 상태에서의 긍정과 감사는 상황을 개선하는 데 별 도움이 되지 않는다. 게다가 그런 식의 반쪽 긍정과 억지 감사는 자칫 기득권의 부당한 힘을 인정하는 것일 뿐만 아니라 자신을 비참하게 만드는 불공정한 상황마저도 외면하게 할 우려가 있다.

감사할 수 없는 건 감사하지 말아야 한다. 도저히 감사할 수 없는 상황에서 자기 합리화를 위해 감사한 마음을 갖는다면 이는 결국 좋지 않은 습관이 되고 삶을 거짓으로 덧칠하는 것에 불과하다. 뿐만 아니라 세상의 모든 부조리와 불합리에 대해서도 '좋은 게 좋은 거지'라며 적당히 넘어가려는 태도를 취하게 된다. 이런 경우에는 인생의 밑그림이 별 소용이 없을뿐더러 삶의 가치와 의미마저도 희미해진다. 지금 이대로의 삶도 감사한데 구태여 가치와 의미까지 찾을 필요가 있을까?

우리는 늘 무언가를 원하고, 또 바라는 결과를 얻고 싶어 한다. 그리고 어떤 상황이건 사람들이 선택하는 반응은 대부분 낙관 아니면 비관이다. 우리는 대개 '기쁨과 슬픔의 반복'이라는 시소게임에서 자유롭지 못한 채 매순간 일희일비하며 살아가지만, 그러한 이분법에서 벗어나면 또 다른 선택을 할 수 있다. 나는 고시나 유학을 준비하는 학생들을 보며 긍정이나 부정뿐만 아니라 '기대의 즐거움'이라는 선택도 있다는 사실을 깨달았다.

미국 대학원에 원서를 낸 뒤 대부분의 학생들이 초조해하며 시간을 낭비할 때 오히려 담담하게 책과 논문을 읽으며 이 기간을 즐기는 학생들이 있다. 틀림없이 입학허가서가 올 거라고 믿기 때문일까? 그렇지는 않다. 다만 이들은 자신이 최선을 다했다는 사실만큼은 잘 알고 있다. 최선을 다했을수록 좋은 결과가 돌아올 가능성이 크기 때문에 비관도 하지 않고 낙관도 하지 않으면서 자기 앞에 주어진 시간을 최대한 즐길 수 있는 것이다.

고시를 준비하는 학생들에게서도 이런 예를 볼 수 있다. 현행 행정고시 제도는 1차 시험 합격자만 2차 시험에 응시할 수 있다. 그런데 1차 시험을 치른 학생들 중에는 다음 시험을 위한 공부에 전념하지 못하는 경우가 꽤 많다. 이들은 대부분 1차 시험 결과에 지나치게 집착하는 학생들이다. 시험을 못 본 학생들은 못 본 대로 비관하고, 잘 본 학생들은 또 그들대로 들떠서 1차 시험 결과가 나올 때까지 초조해한다. 오직 소수의 학생들만이 1차 시험 결과에 상관없이 2차 시험 준비에 전념한다. 이들이야말로 최선을 다한 뒤에 기대하는 즐거움을 누리는 학생들이다. 그리고 이들은 이미 치른 시험에 대해서 비관하고 낙관한들 결과가 달라지지 않는다는 것을 알고 있다.

모든 것을 있는 그대로 보며 비관도 낙관도 하지 말고 마음껏 기대해보자. 담담하게 물 흐르듯 최선을 다했으니 좋은 결과가 나오리라 기대하는 것이야말로 우리에게 주어진 가장 큰 즐거움이다.

기대하는 즐거움을 최대한 누리기 위해서는 무엇보다 결과에 집착하지 않는 마음의 훈련이 필요하다. 지금 이 순간 무언가를 기대하고 있는지 스스로에게 물어보라. 만약 일이 기대한 대로 되지 않았다면 '아,

생각대로 되지 않았구나. 이유가 뭘까?' 하고 계획을 수정하거나 다시 시도하면 된다. 반대로 일이 기대한 대로 되었다면 '아, 잘 돼서 좋구나' 라고 흐뭇해하면 그것으로 충분하다. 만일 마음이 담담해지지 않고 자꾸만 소용돌이치면 어떻게 해야 할까? 그땐 그 소용돌이치는 마음을 있는 그대로 바라보라. 마음이 어지럽게 일어났다가 사라지는 걸 알아차리는 것만으로도 다시 평온을 찾는 데 도움이 될 것이다.

사실 좋은 결과라 해도 결과 그 자체가 주는 행복감은 그다지 길지 않다. 오히려 결과를 기다리는 시간들이 더 행복하다. 이런 행복을 느껴본 사람들은 매사에 최선을 다한다는 공통점이 있다. 최선을 다한 뒤에 결과를 기다리는 즐거움이 얼마나 큰지 이미 알고 있기 때문이다. 또한 최선을 다했기에 그만큼 잘될 가능성도 높다. 게다가 설령 바라던 일이 이루어지지 않더라도 결과에 집착하지 않으니 큰 걱정은 없다.

하지만 아직 집착을 완전히 버릴 만큼의 단계에 도달하지 못했다면 어떻게 해야 할까? 집착을 쉽게 버릴 수 있을 만큼의 욕심만 내면 된다. 욕심이 커지면 그만큼 집착을 버리기가 어렵기 때문이다.

긍정도 부정도 끝까지 파헤쳐보면 사실 욕망이라는 하나의 마음 밭에서 자라난 심리적 결과물에 불과하다. 사람들은 부정적인 마음을 버리고 긍정적인 마음을 가져야 한다고 말하지만 우리가 궁극적으로 추구해야 할 것은 긍정도 부정도 아닌 바로 그 너머의 평온이다.

진짜 스펙은
소리 없이 빛난다

"그동안 고시 공부만 하다가 취업 준비로 전환했는데 스펙이 하나도 없어서 걱정이에요."
"스펙 말고 뭐 내세울 건 없어?"
"글쎄요……, 성실과 열정? 하지만 이런 걸 스펙이라고 할 순 없잖아요."
"그거면 되지 않나? 내가 장담할게. 넌 꼭 취업할 수 있을 거야."

J는 그다지 눈에 띄지 않는 학생이었다. 학교도 평범했고 대학 생활도 그럭저럭 무난한 편이었다. 그럼에도 불구하고 그가 또렷이 기억나는 이유는 유난히도 선한 눈을 가졌기 때문이다.

집안 사정이 어려웠던 J는 4년 내내 아르바이트를 하며 학비와 용돈을 벌어야 했다. 학업 성적은 특별히 뛰어나지도, 그렇다고 아주 뒤처지지도 않는 편이었다. 어느덧 졸업 시즌이 다가오자 J도 취업 고민을 하게 되었다. 나는 그가 그 누구보다 성실하고 정직한 사람이라는 사실을 잘 알고 있었지만 문제는 면접에서 그런 자질을 쉽게 알아보기가 어렵다는 점이었다. 게다가 그가 지원한 회사는 유독 입사 경쟁이 치열한 곳이었다.

"그냥 원서 한번 넣어봤습니다. 꼭 될 거라고는 기대하지 않아요."
"그건 왜?"
"잘 아시잖아요. 거긴 웬만한 스펙으로는 어림도 없거든요."
"글쎄, 그거야 두고 봐야 할 일이지."

그때 나는 J가 취업에 성공할 수 있을 거라 믿었지만, 정작 본인은 요행을 기대하기보다는 능력에 맞는 곳을 찾겠다며 또 다른 회사들을 알아보기 시작했다. 나는 J의 뒷모습을 보며 과거에 비해 젊은이들의 삶이 훨씬 힘겹다는 사실에 새삼 가슴이 아팠다.

미국의 경우 예전에는 고등학교만 졸업해도 쉽게 일자리를 얻을 수 있었다. 하지만 오늘날 선진국의 제조업이 후진국으로 옮겨감에 따라 직장을 구하기가 무척 힘들어졌다. 우리나라에도 이제 동남아 노동자, 중국 조선족이 많이 들어와서 일하고 있다. 몇 년 전 베트남에 갔을 때 나는 한국어과 학생들의 우수함과 근면함에 감탄했다. 그리고 그들이 받는 급여 수준이 너무 낮은 것에 다시 한 번 놀랐다. 만약 노동 시장 개방으로 그들이 한국에서 자유롭게 일할 수 있게 된다면 많은 한국인들은 직장을 잃을지도 모른다. 지금 우리나라는 정부가 노동 시장에 장벽을 쳐놓고 있기 때문에 아직은 상당수의 사람들이 그나마 일자리를 구할 수 있는 셈이다. 만일 이러한 장벽이 사라진다면 경쟁력 없는 사람들은 그대로 실업자가 될 것이다.

세계화 시대에 경쟁력은 생존을 위한 필수 조건이다. 토머스 프리드먼은 자신의 저서인 『세계는 평평하다(The world is flat)』에서 평범한 사람은 설 곳이 없으니 누구나 경쟁력을 갖춰야 한다고 말한다. 상위 20%가 모든 것을 차지하고 경쟁력 없는 하위 80%는 비참한 생활을 할 수밖에 없다는 20대 80의 법칙도 이제는 '1대 99의 법칙'으로 바뀌었다. 그렇다면 99%의 평범한 사람들은 어떤 경쟁력을 갖춰야 할까? 나는 제자들에게 '가장 쉽고 위력 있는 경쟁력'을 갖추라고 말한다.

다시 우리의 평범한 친구 J 이야기로 돌아가보자. 딱히 내세울 것 하나 없는 스펙으로 면접까지 보게 된 J는 정해진 질문에 또박또박 답변을 하고 자리에서 일어났다고 한다. 그때 면접관 중 한 명이 그를 불러 세웠다.

"자네, 혹시 나를 기억하는가?"

J는 그제야 3, 4년 전의 기억을 떠올릴 수 있었다. J는 3학년 때 군입대를 앞두고 잠시 어느 대기업에서 아르바이트를 한 적이 있었다. 기간은 일주일 정도였지만 업무량은 꽤 많아서 며칠 동안 밤잠도 못 자고 일을 해야 했다. 시간이 흘러 아르바이트가 마무리될 즈음, 당시 대기업의 담당자가 그에게 말했다.

"졸업하면 꼭 우리 회사로 오게."

사실 J는 그저 듣기 좋은 인사말이라고만 여겼다. 그런데 놀랍게도 그때 그 담당자가 지금 이 회사에 와 있었던 것이다.

"꼭 다시 만나고 싶었는데 이렇게 보게 됐군. 앞으로 잘해보세."

J는 그렇게 입사할 수 있었다.

그 면접관이 J를 눈여겨봤던 것은 한마디로 너무나 성실했기 때문이다. 남들이 하기 싫어하는 일을 솔선수범해서 땀을 뻘뻘 흘려가며 하는 사람을 누가 싫어하겠는가? 연봉이 같은 사람들에게 똑같이 일을 맡겨도 잔머리 굴리며 요령을 피우는 사람이 있는가 하면, 보이지 않는 곳에서도 묵묵히 땀을 흘리는 사람이 있다. 어떻게 일하건 연봉은 같으니 요령껏 일한 사람이 이익일 것 같지만 사실은 그렇지 않다. 눈에 띄지 않는 땀방울은 사라지는 게 아니라 '신뢰'라는 자양분이 되어 그 사람의 인격을 기름지게 하기 때문이다. 그때 나는 J를 축하해주며 이렇게 말했다.

"도대체 영어를 잘하면 얼마나 잘하고, 머리가 좋으면 얼마나 좋겠어? 아주 뛰어난 천재가 아닌 다음에야 직장에서 원하는 사람은 정직하고 성실한 사람이 아닐까? 결국 성과를 내는 사람은 그런 사람이니까 말이야."

이것이 바로 '가장 쉽고 위력 있는 경쟁력'이다. 경쟁력이라고 하면 어째서 다들 의사나 변호사 같은 전문직, 영어 점수나 자격증 같은 눈에 보이는 것만 생각할까? 신뢰성, 도덕성, 성실성, 인내심, 모험심, 적극성, 창의력, 판단력이 더 쉽고 더 위력 있는 경쟁력이 아닐까? 기업에서는 이력서에 영어 점수를 적으라고 하지만 사실 토익 점수가 30점 더 높은 것보다는 성실한 사람이 회사에 더 이익이라는 사실을 잘 알고 있다.

어느 온라인 취업 포털 사이트에서 '핵심 인재를 판별하는 가장 중요한 기준은 무엇인가?'라고 설문한 결과 리더십이나 업무 처리 방식, 업무 성과 등을 제치고 '성실성과 끈기'가 1위를 차지했다. 스펙도 물론 필요하지만 '성실'이라는 가장 기본적인 품성을 우선시해야 한다는 뜻이다. 다들 취업하기 어렵다고 하지만 사실은 구직난이 아니라 구인난이라는 말도 한다. 직장에서 필요한 인재가 드물다는 것이다. 주어진 일을 헌신적으로 수행하는 사람, 믿을 수 있고 도덕적인 사람이라면 스펙이 부족해도 뽑겠다는 곳이 많다. 실제로 요즘 기업들 사이에서는 '스펙 무용론'이 퍼지고 있다. 게다가 국내 기업의 인사 담당자들 대부분은 스펙만으로는 실무 능력을 파악할 수 없다는 사실에 점점 동의하는 추세다.

　잘 생각해보자. '원어민처럼 영어하기'보다는 '성실하기'가 더 쉽지 않을까? 영어는 아무리 노력해도 최고 점수를 받기 어렵지만 성실하기는 그냥 마음먹고 땀 흘리면 된다. 얼마나 쉬운가?

무의미한 경쟁 대신 나만의 역량을 키워라

"저는 아침마다 1시간씩 조깅을 해요. 그리고 학교 강의가 끝나면 외국어 학원으로 달려가죠. 또 자격증을 따기 위해 꾸준히 노력하고 있어요."
"정말 열심히 노력하는구나. 그래도 담담하게 가야 해."
"하지만 경쟁력을 키우려면 어쩔 수 없이 노력을 해야 하잖아요."
"운동선수가 남을 의식하면 오히려 경기가 잘 안 풀린다고 하거든. 경쟁력을 강화한다 생각하지 말고 즐거운 마음으로 자기 역량을 키운다, 이렇게 생각해봐."

어느 조직이든 리더에게 가장 필요한 능력은 방향 설정 능력이다. 리더가 미래를 위해 어떤 선택을 하고, 어떤 방향을 제시할 수 있느냐에 따라 조직의 운명이 달라진다. 마찬가지로 개인에게도 성공의 가장 중요한 요건은 좋은 의사 결정과 현명한 선택을 하는 능력이다. 시시각각 변하는 세상 속에서 어떤 방향으로 갈 것이며 무엇을 선택하고 어디에 집중할 것인가는 인생에서 가장 중요한 의사 결정이 아닐 수 없다.

대학 입학과 취업 등 20대 청춘의 대부분을 공부에 쏟아붓는 젊은 이들일수록 무엇보다 '좋은 의사 결정을 하는 방법'에 대해 배워야 한다. 왜냐하면 원하던 직장에 들어간 뒤에도 의사 결정을 제대로 하지 못해 뒤떨어지는 경우가 많기 때문이다.

좋은 의사 결정을 할 수 있는 능력은 꾸준히 배우고 분석하고 생각하고 판단하는 훈련을 통해 향상된다. 여기에는 특별한 과목도 초급, 중급, 고급 같은 체계적인 과정도 없기 때문에 다른 것들을 통해서 배양할 수밖에 없다. 다시 말해 학문과 일, 생활을 통해 많이 읽고 생각하고 말하고 쓰는 훈련을 해야 한다. 주어진 시간과 경험을 아무렇게나 흘려보내지 말고 잘 분석하고 연구하고 판단하는 노력을 하면서 살아야 한다.

인생은 결국 수많은 의사 결정의 연속이며, 경쟁력 있는 사람이란 남보다 더 현명한 선택을 하는 사람일 것이다. 여기서 나는 '경쟁력'을 '나만의 역량'이라는 말로 바꿔 표현하고 싶다. 경쟁력이란 말은 누군가와의 힘겨루기를 염두에 둔 획일적인 개념을 연상시키기 때문이다. 나만의 역량을 키운다는 것은 남들과의 경쟁을 염두에 두지 않고 조용하게 평온한 마음으로 나의 강점을 개발하는 것이다. 그리고 이 역량은 지적 능력, 체력적 능력 이외에도 신뢰성, 도덕성, 성실성, 인내심, 열정, 헌신, 판단력, 모험심, 적극성, 창의력 등의 자질들을 포함한다.

'나만의 역량(즉, 남들이 말하는 경쟁력)은 무엇인가?'

이렇게 물어보면 대부분의 사람들은 쉽게 대답하지 못한다. 경쟁력이란 '남이 쉽게 모방할 수 없는 나만의 특별한 능력'이다. 남들이 할 수 없는 일을 하거나 아니면 남들도 할 수 있는 일이지만 내가 좀 더 잘할 수 있을 때 그것이 바로 경쟁력이다. 만일 남이 나를 모방하는 데 3개월이 걸린다면 나의 경쟁력은 3개월짜리가 된다. 1년이 걸리면 1년짜리, 10년이 걸리면 10년짜리 경쟁력이다. 여러분의 경쟁력은 과연 얼마짜리인가?

만일 남들이 쉽게 모방할 수 없다 하더라도 세상에서 그다지 필요로 하지 않는다면 그 특별한 능력도 무용지물이 되고 만다. 사회가 원할 뿐만 아니라 남이 쉽게 모방할 수 없는 능력이 바로 경쟁력이다. 어떤 경우에는 시대의 흐름이 바뀌면서 별 볼 일 없었던 사람이 갑자기 각광을 받기도 한다. 세상의 흐름을 알아야 하는 이유가 여기에 있다.

두 개의 분야에서 전문성을 쌓는 것도 경쟁력이다. 예를 들어 경영학과 컴퓨터를 결합한 전문성은 인기 있는, 일종의 미래를 위한 보험과도 같다. 하지만 요즘은 하나만 잘하기도 힘들고 벅찬 전문화 시대다. 그렇기 때문에 그만큼 더 노력하지 않으면 자칫 두 가지는커녕 하나도 잘하는 것 없이 어중간한 위치에 놓일 수도 있다. 만일 자투리 시간이나 주말을 잘 활용할 자신이 있다면 두 개의 분야에서 경쟁력을 쌓아도 좋을 것이다. 지금은 평생 교육의 시대이니 노력할 각오만 있다면 취업 후에도 또 하나의 전문성을 추가하는 것은 그다지 어렵지 않다.

사회가 필요로 하지만 사람들에게는 그다지 인기 없는 분야를 파고드는 것도 경쟁력이 될 수 있다. 가령 통계학은 재미없고 어려워서 누구나 기피하는 과목이다. 하지만 정보화 시대로 접어들며 대량 자료를 분석할 일이 늘어나면서 통계학은 점점 더 중요해지고 있다. 실제로 경제가 어려웠던 IMF 구제금융 시기에도 통계학과 학생들은 비교적 쉽게 직장을 구할 수 있었다. 그렇다고 통계학을 전공할 필요까지는 없고 다만 통계학 몇 과목만 수강해도 남보다 경쟁력에서 앞설 것이다.

경쟁력을 자꾸 기술이나 자격증이라는 테두리 안에서만 생각하지 말아야 한다. 앞서 말했듯이 경쟁력의 핵심은 경쟁이 아니라 좋은 선택을 할 수 있는 성격과 능력 그리고 지식이다. 디지털 시대를 예견하지 못한 과거형 인간은 도태되었지만, 이제 또 다시 아날로그형 인재가 주목을 받고 있다. 만일 빌 게이츠가 다른 분야에서 사업을 했더라면 지금처럼 성공하지는 못했을 수도 있다. 디지털이라고 반드시 좋은 것은 아니며 아날로그라고 꼭 경쟁력이 떨어지는 것도 아니다. 그래서 자기 자신과 세상을 바르게 보는 것이 중요하다.

경쟁력을 키우는 데는 두 가지 길이 있다. 하나는 이익이기 때문에 이를 악물고 노력하는 고통의 길이고, 나머지 하나는 이익인 것은 알지만 거기에 집착하지 않으면서 추구하는 방법이다. 둘 다 노력만 하면 효과를 볼 수 있으며 일시적으로는 첫 번째 방법이 더 효과적일 수도 있다. 하지만 긴 안목으로 모든 것을 종합해 평가한다면 두 번째 방법이 훨씬 더 경제적이다. 첫 번째 방법은 자칫 몸과 마음을 상하게 하고 다른 사람들에게도 해를 끼칠 수 있기 때문이다. 담담하게 물 흐르듯 하면서 최선을 다하는 두 번째 방법이 보기에도 아름답다.

뤽 베송 감독의 영화 〈그랑 블루(Le Grand Bleu)〉에는 자크와 엔조라는 두 명의 잠수부가 등장한다. 어릴 때부터 친구였던 두 사람은 똑같이 최고의 잠수 실력을 지녔지만 자신의 능력을 대하는 태도가 서로 달랐다. 도전 의식과 명예욕이 강한 엔조가 늘 상대를 이기기 위해 고군분투하는 반면, 자크는 그저 바다가 좋아서 물속에 오래 머무르고자 했다. 결국 두 친구는 세계 잠수 대회에서 맞붙게 되고, 여기서 자크가 우승을 차지한다. 그러나 엔조는 패배를 인정할 수 없다며 인간의 한계를 넘어선 잠수를 시도한 끝에 목숨을 잃고 만다. 그의 목숨을 앗아간 것은 사실상 바다가 아니라 우승이라는 강박 관념이었다.

    무슨 일이든 치열하게 노력해야 한다는 강박 관념은 오히려 스스로를 갉아먹을 뿐만 아니라 쉽게 지치게 만든다. 오로지 정상만을 바라보며 가쁜 숨을 내쉬면서 산에 오르는 것과 담담히 한발 한발 산에 오르는 것은 같지 않다. 묵묵히 산을 즐기며 쉬지 않고 오르다 보면 어느새 정상에 도달해 있는 자기 자신을 발견하게 될 것이다.

왜
좌절하고
실패하는가

· 2 ·

'되고 싶은 나'와 '살고 싶은 인생'

"솔직히 저는 남들이 말하는 엘리트 코스를 착실히 밟아왔다고 생각해요. 치열하게 노력한 결과, 지금은 누구나 원하는 '꿈의 직장'에서 일하고 있죠. 그런데 왜 이렇게 미래가 불안한지 모르겠어요."
"그 수많은 노력들이 어디에 연결되어 있지?"
"무슨 말씀이신지……."
"그 노력들이 미래의 네 모습과 연결되어 있지 않고 그때그때 욕망에 따라 분산되어 있지는 않은지 살펴봐야 해. 만일 지금 행복을 느끼지 못하거나 하는 일에서 가치와 의미를 찾을 수 없다면 그건 미래의 네 모습과 연결되어 있지 않기 때문이야."

체포 직전에 미리엘 주교의 자비로 위기를 모면한 장발장은 난생처음으로 이런 질문을 떠올린다.

"나에게 다른 삶이 있을까? 어떻게 해야 내 삶을 바꿀 수 있을까?"

이 간절한 질문으로부터 이전까지 죄수 번호 24601로 살아왔던 장발장의 삶은 달라지기 시작한다. 증오와 후회로 얼룩졌던 하루살이 인생이 성자의 삶 쪽으로 방향을 틀게 된 것이다. 더불어 백지 상태였던 인생의 밑그림도 삶에 대한 철학적 성찰을 통해 행복, 가치, 의미를 지닌 비전으로 완성되어간다. 이후에도 온갖 고난과 갈등이 닥치지만 그때마다 장발장은 자신을 향해 '나는 누구인가?'라고 묻는다. 이것은 새로운 이야기로 인생을 살아가겠다는 결심을 거듭 확인하는 행위였다. 그리고 마침내 목숨이 다하는 순간, 그는 자신의 비전대로 '희생함으로써 구원받는 자'의 삶을 후회 없이 마무리한다.

'나는 누구인가?'

이 질문에 대한 대답이 미래의 바람직한 내 모습과 원하는 삶의 모습을 품고 있을 때 그것은 곧 인생에 대한 밑그림, 즉 나의 비전이 된다.

'비전이란 무엇인가?'

비전은 '내가 꿈꾸는 나의 모습'이며 10년, 20년, 30년 뒤에 내가 살게 될 삶이다. 비전은 세상의 파도에 휩쓸리지 않고 자기만의 길을 갈 수 있도록 인도하는 밑그림이다. '비전'은 이루어낸 사람의 계획이고 '몽상'은 이루어내지 못한 사람의 계획이다. 단순한 목표와 계획만으론 부족하다. 그 목표 안에 행복, 가치, 의미에 대한 계획이 포함돼 있어야 한다. 그래서 비전을 세우는 일에는 반드시 삶에 대한 철학적 성찰이 따라야 하는 것이다.

첫째, '어떻게 하면 행복해질 수 있을까?'

바람직한 미래의 모습이란 '행복한 나'와 동떨어질 수 없다. 비전은 행복에 대한 포괄적이고도 적극적인 생각을 포함한다.

둘째, '무엇으로부터 가치와 의미를 찾을 수 있을까?'

예를 들어 돈을 좋아하는 것과 돈에서 가치와 의미를 찾는 것은 다르다. 돈은 수단일 뿐 그 자체만으로는 가치와 의미를 찾을 수 없기 때문이다. 통장에 들어 있는 100억 원은 그저 돈일 뿐이지만, 그 돈으로 무엇을 하느냐에 따라 가치와 의미가 달라진다.

자신의 과거를 모두 지우고 새롭게 태어난 장발장이 기발한 아이디어로 공장을 세워 부를 쌓기 시작한 것은 오로지 자신의 비전에 따른 행동이었다. 그는 부와 명성이라는 수단을 갖고 끝없이 기부와 선행을 실천함으로써 가치와 의미를 찾으려 했던 것이다.

우리는 모두 무언가를 추구하며 살아간다. 권력과 명예를 추구하든 안락과 쾌락을 추구하든 아니면 봉사와 헌신, 참된 나의 발견, 행복한 가정, 깨달음의 길 등 그 어떤 것을 추구하든 그로부터 가치와 의미를 찾지 못한다면 결코 행복해질 수 없다.

인생이란 자기 몫의 삶 위에 오직 자기만의 행복, 가치, 의미를 그려내는 행위이다. 어떤 그림이든지 본격적으로 색을 칠하고 구체적인 형상을 현실화시키기 위해서는 먼저 밑그림부터 그려야 한다. 그래야 자신이 어떤 그림을 그릴 건지 알 수 있기 때문이다. 이 밑그림이 바로 비전이다. 인생이라는 캔버스 위에 어떤 화풍, 어떤 물감, 어떤 붓을 선택해 누구와 함께 그릴 것인가 하는 문제는 전략에 속한다.

오늘날 시장 자본주의 시대를 살아가는 우리에게는 그 어느 때보다 비전과 전략이 반드시 필요하다. 시장 자본주의는 극소수의 강자들을 제외한 대부분의 약자들을 삼켜버린다. 이처럼 냉혹하고 불공정한 파도를 헤쳐 나가는 데 있어 자기만의 행복, 가치, 의미를 담은 비전이 없다면 어느 순간 자기도 모르게 좌초될 수 있다.

밑그림이 없는 인생은 중심을 잃고 부유하는 조각배처럼 작은 풍랑에도 휘말리기 쉽다. 때로는 어처구니없는 잡념에 사로잡혀 좋은 직장을 포기할 수도 있고, 뜻밖의 유혹이나 사소한 일에 이끌려 엉뚱한 선택을 할 수도 있다. 사랑과 결혼을 할 때나 전공과 직업을 선택할 때 인생의 밑그림은 이러한 선택의 나침반 역할을 한다. 인생의 밑그림이 없으면 행운도 쉽게 놓칠 수밖에 없다. 인생의 밑그림이 있는 사람은 기회가 왔을 때 그 기회를 잡을 수 있지만, 인생의 밑그림이 없는 사람에겐 기회가 오히려 불행이다.

❖

알버트 슈바이처는 대학에서 신학과 철학을 공부하고, 졸업 후에는 목사와 대학 강사, 파이프 오르간 연주자로 활약하는 등 다채로운 삶을 살았다. 그의 삶은 매순간마다 '무엇이 행복한 삶이고 어디에서 가치와 의미를 찾을 것인가?'라는 질문의 연속이었다. 그리고 마침내 그가 찾아낸 궁극의 삶은 아프리카에서 평생 봉사하며 사는 것이었다. 세상에는 많은 의사들이 있다. 그들 중에는 단지 돈을 벌고 안정된 삶을 사는 것까지가 전부인 사람이 있는가 하면, 거기서 더 나아가 자신의 직업을 통해 인생의 행복, 가치, 의미를 찾는 사람도 있다. 결국은 둘 다 같지 않느냐고 묻는다면 비전의 중요성을 잘못 이해한 것이다. 그렇다고 봉사하는 의사만이 행복하고 가치 있는 삶을 사는 것도 아니다.

삼성전자에 취업해도 그 뒤에 농협에 취업하면 농협으로 옮긴다는 우스갯소리가 있다. 농협의 근무 강도와 직업 안정성 때문이다. 농협으로 옮기는 사람이 꼭 비전과 전략이 없는 사람이라고 볼 수도 없다. 비전과 전략이 있는 사람도 농협으로 옮길 수 있고, 그것이 없는 사람 역시 농협으로 옮길 수 있다. 이때 비전과 전략이 없는 사람은 오직 근무 강도와 직업 안정성만 따질 테고, 반면 비전과 전략이 있는 사람은 행복, 가치, 의미를 먼저 따진 뒤에 근무 강도와 직업 안정성도 따질 것이다.

젊은이들은 비전의 필요성에는 공감해도 그 안에 깃든 행복, 가치, 의미에 대해서는 쉽게 공감하지 못한다. 당장 취업이 급한 상황이라 이런 식상한 단어들이 귀에 들어오지 않을 것이다. 세월이 흘러 점점 나이가 들면 사람들은 이구동성으로 행복과 가치와 의미를 이야기한다. 만일 이런 단어들이 정말 하찮은 것이었다면 사람들 입에 오르내리지도 않았을 것이다.

치열하게 노력하고 열심히 살았는데도 삶이 나아지지 않을 때 사람들은 비로소 삶의 방향에 대해 묻기 시작한다. 무엇을 위해 노력하고 왜 이런 일을 하고 있는지에 대해서 곰곰이 생각한다. 그때 만나는 단어들이 바로 행복, 가치, 의미이다. 그 누구보다 인생의 여러 가지 선택 앞에서 고민하고 방황하는 젊은이들일수록 비전과 전략에 대해 깊이 생각해야 한다.

너무 바빠 차분히 생각할 수 없다며 상담을 청한 학생이 있었다.

"취업을 해야 할지, 계속 행정고시를 준비해야 할지, 아니면 대학원에 진학해야 할지 모르겠어요. 선생님께서 정리 좀 해주세요."

진로에 대한 생각을 정리해달라는 것은 어떻게 보면 우스운 일이지만 그렇다고 그 학생이 특별히 이상한 건 아니었다. 그저 다른 학생들처럼 바쁘고 지쳐 있을 뿐이었다. 그러다 보니 판단을 내리지 못한 채 상황이 바뀔 때마다 질질 끌려가고만 있었다. 그 학생이 생각을 정리하기까지는 단 몇 시간의 대화만으로도 충분했다. 내가 뭘 특별히 해준 것도 없었다. 단지 그 학생이 스스로 결정하지 못하고 있는 문제를 내가 대신 말한 뒤 '어때, 괜찮아?'라고 되물었을 뿐이다. 그때마다 그 학생은 '네, 사실은 저도 그렇게 생각하고 있었어요'라고 말했다. 자기 안에 이미 답을 갖고 있으면서도 결정을 못해 방황하고 있었던 것이다.

그때 그 학생과 내가 나눈 대화는 인생 설계에 관한 것이었다. 인생 설계란 자신의 비전에 행복, 가치, 의미를 연결하는 일이다. 이 과정을 통해 우리는 거미줄처럼 얽힌 선택의 실마리를 풀 수 있고, 마침내 혼돈으로부터 탈출할 수 있다. 지금은 무조건 노력만 한다고 해서 성과를 낼 수 있는 시대가 아니다. 노력이 결실을 거두기 위해서는 초점이 잘 맞아야 한다.

우리나라는 세계에서 노동 시간이 길기로 유명하다. 어쩌면 우리는 성과에 비해 지나치게 많은 노력을 쏟고 있는 건지도 모른다. 따라서 국가와 기업 차원에서뿐만 아니라 개인의 삶에 있어서도 비전과 전략이 절실히 필요한 시점이다.

강남의 어느 유명한 과외 선생에게 성과의 비결을 묻자 '비전에 의한 공부'라고 대답했다.

"처음 학생을 만나면 며칠간 책을 덮은 채 끝없이 대화를 나눕니다. 왜 공부해야 하는지를 확실히 인식할 때까지 저는 학생과 함께 여기저기 놀러 다니며 시간을 보냅니다."

그는 한낱 과외 선생이 아니라 스승이고자 했던 것이다. 강사는 공부를 가르치지만 스승은 공부와 학생의 비전을 연결한다. 비전은 인생에서 무엇이든 열심히 하게 만드는 동인이다. 물론 그것은 욕망에 의해서가 아니라 행복, 가치, 의미에 의해서다.

| 비전의 두 가지 내용 |

비전 = 바람직한 나의 미래 모습

> **행복**
> 나는 어떻게 행복할 수 있을까?

> **가치와 의미**
> 나는 무엇으로부터 가치와 의미를 찾을 수 있을까?

비전과 전략은 나만의 맞춤형 미래 계획이다. 만일 나만의 계획은 필요 없고 모두에게 적용할 수 있는 획일적인 계획만으로도 충분하다면 구태여 비전과 전략이 필요하지 않을 것이다. 그저 다른 사람을 흉내 내면 되기 때문이다. 하지만 그런 계획이 과연 경쟁력이 있을까? 경쟁력이 있으려면 나만의 계획이 필요하지 않을까? 그것이 바로 비전과 전략이다.

살아가는 것보다
살아가는 방식이 더 중요하다

"직장을 옮길 생각이에요. 연봉도 높고 근무 환경도 훨씬 좋거든요. 게다가 회사가 집에서 아주 가까워요."
"다른 요소들도 고려해야 하지 않을까?"
"다른 요소요?"
"대부분 의사 결정을 할 때 종합적으로 고려하는 것을 깜박 잊거든. 그래서 비전이 필요한 거야."

우리는 어느 한 가지를 선택할 때 그와 연관된 많은 요소들을 충분히 고려한다고 믿는다. 하지만 그 안을 들여다보면 그것은 마음속으로 이미 기울어진 결정을 합리화하는 과정일 때가 더 많다. 어느 날 취업과 대학원 진학을 놓고 갈등하던 제자가 찾아와 말했다.

"심사숙고 끝에 대학원에 진학하기로 했어요."
"그렇구나. 그런데 다른 여러 가지 요인들도 모두 고려하고 결정한 거야?"

제자는 그렇다고 대답했다. 하지만 이야기를 쭉 듣다 보니 대학원에서 장학금을 준다는 조건이 가장 큰 결정적 요인이었다. 제자는 다른 요인들도 모두 고려했다고 말했지만 사실 그런 요소들은 대학원 진학의 당위성을 뒷받침하는 것에 불과했다. 그렇다면 그것은 올바른 심사숙고가 아닐 수도 있다.

"자, 우리 조금만 더 생각해볼까? 무엇으로부터 가치와 의미를 찾을 수 있을지 말이야."

나는 제자와 함께 일단 장학금이라는 솔깃한 조건을 제외한 상태에서 무엇이 최선의 전략인지 곰곰이 생각해보기 시작했다. 그러자 많은 변수들이 재구성되고 선택은 다시 원점으로 돌아왔다.

우리는 욕망이나 이익을 무시할 수 없으며 또 그래야 할 필요도 없다. 다만 그 욕망과 이익이 자신의 행복, 가치, 의미에 기여하는가, 기여하지 않는가의 차이만 있을 뿐이다. 만일 선택의 기준이 비전과 연결되어 있다면 행복, 가치, 의미를 위해 필요한 욕망이나 이익에 초점을 맞출 수 있다. 반대로 비전과 연결되어 있지 않다면 행복, 가치, 의미에 별 기여를 하지 않는 욕망이나 이익에 초점이 맞춰진다. 비전은 자신의 욕망이나 이익을 떠나 무조건 봉사하고 희생하는 것이 아니다. 비전은 자기만의 행복, 가치, 의미를 가장 극대화시키는 욕망과 이익을 추구하려는 노력의 산물이다.

또한 비전과 전략은 체계적으로 생각하는 행위이며 모든 요인들을 나의 바람직한 미래에 집중하는 과정이다. 그리하여 우리의 노력과 시간이 흩어지지 않게 하고 무엇에 좀 더 집중해야 하는지를 알려준다. 똑같은 직장을 선택하더라도 비전과 전략에 의해 선택한 사람은 체계적으로 사고한 결과 그 직장을 선택한 것이다.

세상은 불확실하고 복잡하며, 상호 의존적이고 비선형적이며 상대적이다. 지금 내린 결정이 인생이라는 바다에 어떤 파도를 일으킬지 정확히 예측하기란 결코 쉽지 않다. 비전과 전략이 없으면 그때그때 근시안적이고 단편적인 관점에서 판단을 내리게 된다. 그 결과 작은 파도에도 이리저리 휩쓸려 우왕좌왕하며 일관성을 잃게 되고 무엇보다도 소중한 노력을 모두 낭비하게 된다.

어떤 학생은 고등학교 때 수학과 과학을 잘하고 적성도 이과에 맞았다. 그러나 그는 문과에 진학했고 이내 후회했다. 흔히들 수학과 과학을 잘하는 사람이 당연히 이과에 진학할 것 같지만, 실제로 그런 의사 결정이 이루어지지 않을 때도 많다. 그런 시행착오로 인한 피해는 이루 말할 수 없이 크다. 전공이나 직업을 선택할 때 사람들은 너무나도 기본적이고 명백한 오류를 자주 저지른다. '나는 그런 오류를 저지르지 않아'라고 생각하는 것도 착각이다.

요즘 들어 4년제 대학을 졸업한 뒤 다시 2년제 전문대에 진학하는 경우가 점점 늘고 있는 것만 봐도 알 수 있다. 4년제 대학을 나와 다시 수능을 본 뒤 의대 1학년에 입학하는 경우도 있고, 교사의 길이 자기 적성이라는 것을 뒤늦게 깨닫고 사표를 낸 뒤 교육대학원에 진학해 석사를 취득하는 경우도 있다. 서울대 공대를 졸업한 다음 다시 한의대에 입학했다는 식의 이야기는 이제 너무 흔하다. 그래도 늦게나마 길을 찾았으니 다행이라고 봐야 한다. 물론 처음부터 비전과 전략을 잘 수립했더라면 훨씬 더 좋았을 것이다. 이런 사례들은 평생 비전과 전략 없이 사는 인생이 얼마나 무모한 삶인지를 적나라하게 보여준다.

    내 주변만 둘러봐도 나이가 한참 들어서야 뒤늦게 직업을 잘못 선택했다고 후회하는 친구들이 참 많다. 사실 우리들 대부분은 비전을 세우고 그에 따른 전략으로 직업을 선택하지 않는다. 그러다 보니 체계적이며 종합적인 사고를 하지 못하고, 모든 요인을 균형 있게 고려하지도 못한다. 나이가 들어서야 직업을 잘못 선택했다고 고민하는 상황을 한번 상상해보라. 인생을 잘못 살았다는 이야기처럼 들리는 그 상황이 얼마나 끔찍한가?

    직업을 선택할 때 직업 그 자체만을 생각하며 내린 결정은 좋은 의사 결정이 아닐 가능성이 매우 크다. 행복, 가치, 의미 이외에도 자기가 좋아하는 것, 자기의 강점과 약점, 세상의 흐름 등 관련 요인들을 망라해 종합적으로 고려한 선택을 해야 한다. 체계적 접근으로 의사 결정을 내려야지만 어처구니없는 오류를 최소화할 수 있다.

    몇 년 째 행정고시를 준비하는 학생이 찾아와 고민을 털어놓았다.

    "딱 1년만 더 해볼까, 아니면 포기할까 정말 고민이에요."

    "만약에 1년 뒤에도 떨어지면 그땐 어떻게 할 생각이야?"

    "그땐 직장에 들어갈 생각입니다. 그 회사에서 인턴을 할 때 좋은 인상을 주었거든요. 아마 취업에는 문제가 없을 거예요."

    그 학생은 설령 그 회사에 들어가지 못한다 해도 다른 직장을 구할 수 있다며 자신 있어 했다. 나는 여러 가지를 물어보고 충분히 대화한 뒤 그 학생에게 말했다.

"그래, 그럼 1년만 더 공부해봐."

"예. 저도 그게 제일 좋을 것 같아요."

사실 그 학생은 이미 마음속으로 결정을 한 상태였다. 다만 나의 조언으로 생각이 확고해지고 마음의 안정을 찾았을 뿐이다. 학생들 중에는 스스로 해답을 알고 있는 경우가 꽤 많다. 스스로 확신하지 못할 때 이렇게 옆에서 누군가 고개만 끄덕여줘도 큰 도움이 된다. 대부분의 학생들처럼 그 학생도 인생의 밑그림을 확실하게 그려놓은 상태는 아니었다. 하지만 영리하고 꿈이 있는 학생인지라 스스로 비전을 만들 수 있었다. 만약 비전이 없었다면 그 학생은 1년 더 할까 말까의 문제만을 놓고 계속 고민했을 것이다. 다행히도 그에겐 비전이 있었다. 그래서 행복에 대한 생각이나 소중하게 여기는 가치와 의미에 기초해 잘하는 것, 강점과 약점, 세상의 흐름을 모두 고려해서 결정을 내릴 수 있었다.

비전과 전략은 자기 자신과 세상을 바로 보는 기회를 제공한다. 이를 통해 우리는 자신의 특성과 과연 무엇에 집중해야 하는지를 알게 되고, 인생·직업·사랑에 대한 체계적이고 종합적인 사고를 할 수 있게 된다. 맹목적인 자기애와 무책임한 성공학에 빠진 사람들일수록 비전과 전략을 통해 자기 자신과 세상을 바로 보는 기회가 필요하다. 더 나아가 자신감을 상실한 사람들에게도 비전과 전략은 그 비참한 상황에서 벗어날 수 있다는 희망을 제시한다.

만일 인생의 중요한 선택 앞에서 어떻게 해야 행복해질 수 있을지, 자기가 무엇으로부터 가치와 의미를 찾아야 할지 모른다면 이는 비전이 없는 것이다. 자기가 무엇을 좋아하는지, 자신의 강점과 약점이 무엇인지 모른다면 이는 전략이 없는 것이다. 대학을 졸업한 뒤 무엇을 기준으로 어떤 직업을 선택해야 할지 모른다면 비전과 전략이 모두 없는 것이라고 봐야 한다. 공무원이 될까, 회사에 취업할까, 로스쿨에 진학할까를 놓고 아직까지 고민 중이라면 더더욱 비전과 전략이 필요하다. 삶이 힘들수록 비전이 없으면 탈출은 포기한 채 체념하며 살게 된다. 비전과 전략이 있어야지만 힘든 삶에서 벗어날 수 있다.

인형과 로봇처럼 다른 사람들과 세상에 이리저리 휩쓸리면서 기계처럼 수동적으로 살아가는 삶은 비참하다. 타성에서 벗어나 나와 세상을 바로 보고 그에 걸맞은 비전과 전략을 수립한다면 능동적으로 자기의 삶을 선택해 살아갈 수 있을 것이다.

잘못 살았다고 말하는 사람들에게 없는 한 가지

"저는 사업 수완이 있는 것 같아요. 그래서 경영학을 열심히 공부해 사업가가 되고 싶어요."
"사업을 잘하려면 꼭 경영학과를 나와야 할까? 의사가 되어 의료 관련 사업을 할 수도 있잖아."
"사실 집에서는 자꾸만 의대에 가래요. 편안하게 살려면 그 길이 제일 낫다면서요."
"그런 이유로 의대에 가는 건 별로 좋지 않은 선택 같은데? 내 말은 경영학과든 의대든 비전에 기초해 종합적으로 선택해야 한다는 뜻이야. 한두 가지 단편적인 요인만 갖고 결정하는 건 너무 위험하지 않을까?"

대부분의 사람들은 하루 8시간에서 10시간 가까이 직장에서 시간을 보낸다. 집에 와서조차 직장의 영향으로부터 쉽게 벗어나지 못하는 경우도 있다. 어쩌면 꿈속에서도 일을 할지 모른다. 사실상 직장은 우리의 24시간을 지배한다. 이런 것이 싫은 사람들은 직장 대신에 독자적인 일을 직업으로 선택한다. 예를 들어 사업을 시작한다든가 의사나 변호사, 프리랜서 등의 길이 있을 것이다. 그러나 조직에서 일하건 독자적으로 일하건 하루의 거의 모든 시간을 직업의 영향권 안에서 보낸다는 점에는 변함이 없다. 결국 직업을 선택한다는 건 인생의 거의 모든 것을 선택하는 일인 셈이다.

행정고시에 합격해 공무원의 길을 성공적으로 마치고 은퇴한 사람이 있었다. 꽤 높은 자리까지 올랐으니 여한이 없었을 텐데, 정작 그의 생각은 달랐다.

"사실 공무원은 내가 원한 길도 아니었고, 내게 맞는 길도 아니었네."

은퇴할 때까지 그토록 열심히 노력하며 살아온 사람이 자신의 뜻과 어긋난 삶을 살았다고 고백한 것이다. 사실 그의 대학원 동기들 중에는 학자의 길을 걸으며 교수가 된 사람들이 있었고, 어쩌면 그 역시 교수가 될 수도 있었다. 하지만 그는 행정고시를 선택했고 그 당시 많은 사람들은 그를 부러워했다. 딱 거기까지였다. 공무원으르 사는 내내 그의 가슴 속에는 교수의 길을 갔어야 했다는 회한이 늘 남아 있었던 것이다.

인생에서 비전과 전략의 수립이란 얼마나 중요한가? 어디로든 갈 수 있었던 두 갈래의 길 중에서 그는 비전 없이 한쪽 길을 선택했고 결국 후회했다.

비전은 전공이나 직업과 떼려야 뗄 수 없는 사이다. 비전이 정해지면 이를 달성할 수단으로 전략을 선택해야 하며 그것이 곧 전공과 직업이다. 하지만 비전 없이 전공을 선택하는 사람, 비전은 없고 직업만 있는 사람이 의외로 많다. 이것은 전략이 없는 것과 같다. 비전이 있는 사람의 전공이나 직업은 전략이 될 수 있지만, 비전이 없는 사람의 전공이나 직업은 전략이 될 수 없다. 전략은 상식적·기계적인 삶이 아닌, 자기의 미래를 능동적으로 설계하는 비전에서 나오기 때문이다.

직업을 선택하기 전에 우리들 대부분은 대학에서 공부할 전공을 선택한다. 전공이 반드시 직업을 규정하는 것은 아니지만 비전 없이 전공을 선택했을 때 우리는 상당한 시간 낭비를 하게 되고 시행착오를 겪게 된다. 애석하게도 대부분의 학생들이 고교 시절 내내 입시 준비에만 매달릴 뿐 인생의 큰 그림은 생각조차 하지 못하는 것이 현실이다. 비전보다는 오히려 어떤 전공을 택하고 어떤 직업을 가질 것인지에 대해서만 골몰하는데, 이는 앞뒤가 완전히 바뀐 것이다.

물론 고등학교 3학년 나이에 자신의 비전과 전략을 생각할 수 있을 만큼의 성숙함을 기대하기란 어렵다. 따라서 부모의 역할이 중요하다. 부모는 자녀와 많은 시간을 함께하며 스스로 비전과 전략을 생각하고 전공을 결정할 수 있도록 안내해야 한다. 여기서 문제는 부모 역시 비전과 전략을 생각조차 하지 않기 때문에 그저 자녀가 어떤 과목을 잘하는지, 어떤 전공과 어떤 직업이 더 좋은지에 대해서만 이야기한다는 것이다. 설령 부모가 자녀에게 "넌 무엇으로부터 가치와 의미를 찾느냐?"라고 물어본들 제대로 된 대답을 듣기는 힘들 것이다. 고등학생이 그런 문제를 생각해본 적도 없을뿐더러 너무나 철학적인 질문이라 제대로 대답하기조차 어렵기 때문이다.

결국 부모는 관찰과 대화를 통해 간접적으로 자녀의 비전을 추론해 낼 수 있어야 한다. 쉽진 않겠지만 틈나는 대로 무엇을 좋아하는지, 무엇을 할 때 아이가 가장 행복한지를 끊임없이 살피면서 단서를 찾아야 한다. 다만 이때 자녀가 전혀 눈치 채지 못하게 파악하는 것이 중요하다. 무턱대고 "너는 무엇으로부터 가치와 의미를 찾느냐?"라고 물으면 오히려 아이들이 혼란스러워 하면서 엉뚱한 대답을 할 테니 말이다.

과거에는 부모 역할이 사랑을 듬뿍 주는 것이었다면 오늘날에는 자녀가 비전과 전략을 세울 수 있도록 성실한 조력자가 되어주는 것이다. 부모의 역할이 하나 더 추가되거나 진화한 셈이다. 이것은 사랑보다 더 중요한 문제다. 아쉽지만 이런 역할을 잘하는 부모를 만나는 것도 극소수의 행운아들에게나 가능한 일이다. 무자비한 시장 자본주의의 사회에서 생존을 위한 경제적 역할 하나만으로도 대한민국의 부모들은 너무나 바쁘고 힘들기 때문이다. 과거 농경 사회에서는 부모가 자식의 비전과 전략을 세워주지 않아도 큰 지장이 없었다. 모두가 농사를 짓는 현실에서 비전과 전략의 비중은 미미했기 때문이다. 그러나 오늘날은 다르다. 일단 고등학생만 되면 벌써 미래를 위한 가장 중요한 의사 결정이 기다리고 있다. 바로 대학과 전공의 선택이다.

이미 대학과 전공을 선택한 학생들은 '이제 와서 비전이며 전략을 세워봤자 늦은 게 아닌가?'라고 한탄할지도 모른다. 하지만 대학 시절에도 여전히 중요한 의사 결정은 많이 남아 있으며 대학을 졸업하고 취업을 한 뒤에도 비전과 전략은 여전히 필요하다. 우리는 죽는 날까지 비전과 전략을 붙들고 살아야 한다. 100세 시대인 지금은 60세가 되어서도 비전과 전략을 계속 생각해야 한다. 비전과 전략을 뒤늦게 세우는 것보다 비전 없이 전공이나 직업을 선택하는 것이 더 위험하다.

죽을 때 후회하지 않는 삶을 위하여

"후회 없이 살려면 내일이 지구의 종말이라는 생각으로 살아야 할 것 같아요."
"오히려 100세까지 산다는 생각으로 가장 중요한 일을 해야 하지 않을까?"
"그래도 내일 죽는다고 생각하면 가장 중요한 일을 하게 되지 않을까요?"
"실제로 '내일 지구의 종말이 온다면 뭘 하겠는가?'라고 묻는 설문 조사 결과를 본 적이 있어. 내가 기억하기로 그때 1위를 차지한 답변이 '애인과 함께 호텔에 간다'였거든. 물론 인생이 하루밖에 남지 않았다면 그럴 수도 있겠지만, 100세까지 산다면 과연 매일매일 애인과 함께 호텔에 가게 될까?"

'내일 지구의 종말이 온다면 무엇을 하겠는가?'

누구나 흔히 접하는 질문이다. 시한부 인생인 사람이 죽는 날까지 무엇을 하며 사는지 보여주는 영화도 있다. 사실 죽는 날이 얼마 남지 않았을 때 사람들이 하고자 하는 일을 살펴보면 '가장 소중한 일'처럼 보이진 않는다. 질문 자체가 한정된 짧은 시간이라는 조건에 갇혀 있기 때문이다. 물론 죽음을 앞두고 그 어느 때보다 진지해질 수는 있겠지만,

그런 상황에서 하고 싶은 일이 반드시 인생에서 가장 소중한 일이라고는 할 수 없을 것이다.

무기력하게 살아가는 사람들에게 자극을 주기 위해 '내일 지구의 종말이 온다면?'이라고 물을 수는 있다. 대부분의 사람들은 사소하고 하찮은 일에 집착하기 때문에 '가장 소중한 일을 하라'며 시한부 인생을 운운할 수도 있을 것이다. 인생이 얼마 남지 않았건 아주 많이 남았건 상관없이 자기 자신과 세상의 흐름을 보지 못하는 사람은 무엇이 소중한지 알기 어렵다. 나는 오히려 이렇게 묻고 싶다.

"죽을 때 후회하지 않고 죽을 수 있겠는가?"

"죽을 때 소중한 일을 했다고 확신할 수 있겠는가?"

"죽을 때 '나 지금까지 행복했노라'라고 말할 수 있겠는가?"

물론 죽을 때까지도 무엇이 소중한지, 무엇이 행복한 건지 모르며 사는 사람들도 많다. 시시때때로 죽는 그 순간을 떠올린다면 우리는 삶에 대해서 좀 더 진지하게 생각해볼 수 있을 것이다.

나는 '내일 지구의 종말이 온다면 무엇을 하겠는가?'라는 질문을 살짝 비틀어 '내일 지구의 종말이 온다면 지나온 인생에서 무엇을 가장 후회하겠는가?'라고 묻고 싶다. 그리고 '죽을 때 후회하지 않는 삶을 살려면 어떻게 살아야 하겠는가?'라고도 묻고 싶다.

젊은이들은 죽음이란 단어가 아주 멀리 있다고 생각하지만 사실 우리 모두는 매일매일 죽음에 한 걸음씩 다가가고 있다. 죽음을 생각하면 비로소 하찮게 느껴지는 일들이 의외로 많다. 우리는 그 모든 하찮은 일들을 가지치기해 가장 중요한 것들만 남긴 다음, 그 위에다 인생의 밑그림을 그려야 한다.

"나이 40이 되니까 인생 설계라든가 비전과 전략 같은 단어가 너무 멀게만 느껴집니다."

어느 날 40대에 접어든 제자가 말했다. 평균 수명이 40세 안팎이던 조선 시대와 비교해보면 지금의 3, 40대는 과거의 10대 후반에 불과하다. 게다가 일찍부터 사춘기를 경험하고 죽음의 시기가 훨씬 뒤로 미뤄졌기 때문에 열정이 요동치는 기간도 그만큼 길어졌다. 특히 여성의 경우 결혼과 동시에 자유가 끝나버리던 예전과는 달리 이제는 많은 선택을 할 수 있기 때문에 더욱 더 혼란스러울 수밖에 없다. 선택의 자유는 불안과 후회를 반드시 동반하기 마련이다.

이 책의 많은 내용을 20대뿐만 아니라 '3, 40대 젊은이들'에게도 적용할 수 있는 것은 바로 이 때문이다. 20대는 취업 등 코앞에 직면한 문제 때문에 막상 인생의 더 중요한 문제에 대해서는 소홀할 우려가 있다. 하지만 이미 많은 것을 경험한 3, 40대 젊은이들은 인생의 소중한 문제에 대해 좀 더 절박하게 인식하고 있다. 게다가 3, 40대는 세상에 떠도는 거룩한 말들의 상당 부분이 허황된 것이라는 사실을 알아차릴 만큼 현명하다. 이러한 이유 때문에 이 책에서 제안한 내용들을 실천하고자 하는 동기가 더 강할 수 있다.

3, 40대에 밀어닥치는 삶의 소용돌이는 20대의 그것에 비하면 훨씬 더 위험하다. 잘못된 의사 결정을 만회할 시간이 많지 않고 경제력이 어느 정도 있기 때문에 엉뚱한 선택을 할 가능성도 그만큼 크기 때문이다. 지식과 경험이 더 많다보니 근거 없는 자신감에 빠질 수도 있다. 뿐만 아니라 어느 정도의 외모와 매력을 갖춘 3, 40대라면 아직 낭만적인 상상도 가능한 시기니 말이다. 중년에 접어든 여배우가 16살 아래의 연

하남과 사랑에 빠졌다는 이야기나 40대 교수가 뒤늦게 한의대에 입학해 한의학도의 길을 걸었다는 이야기들은 3, 40대 젊은이들의 가슴에 불을 지핀다. 아직 뭔가 새롭게 시작할 수 있다는 희망이 그들을 자꾸만 부추기는 것이다.

사실 3, 40대에는 중년과 청춘이 공존한다. 이미 상식적·기계적 삶에 들어선 중년이 있는가 하면, 그런 삶 속에서도 마지막 일탈과 변화를 꿈꾸는 청춘도 있다. 뭔가를 다시 시작하기엔 너무 늦었다고 생각하는 3, 40대 중년은 지나버린 청춘 때문에 가슴앓이를 한다. 반면 아직 기회가 있다며 눈을 반짝이는 3, 40대 청춘은 마지막으로 남아 있는 젊음 때문에 가슴앓이를 한다. 그렇기 때문에 3, 40대일수록 20대보다 더욱 더 자기 자신을 있는 그대로 보아야 한다.

20대는 인생에서 두세 번 정도의 극적인 전환이 가능한 시기지만, 50대에 접어들면 그것이 매우 어렵다. 3, 40대는 그 경계선에 있기 때문에 어쩌면 마지막이 될지도 모를 극적인 반전을 위해 인생 설계를 시도할 가능성이 높다. 따라서 이럴 때일수록 자기를 있는 그대로 보아야 한다. 그렇게 하지 않고 무작정 모험을 강행하면 50대부터는 재앙이 밀려온다.

중년이건 청춘이건 모든 3, 40대들은 자기 자신과 세상의 흐름을 있는 그대로 보고 인생의 밑그림을 그려야 한다. 과대평가하지도 말고 과소평가하지도 말아야 하며, 쉽다고 생각하지도 말고 어렵다고 생각하지도 말아야 한다. 이미 직장이 있고 결혼까지 한 사람은 인생의 밑그림을 그리기엔 너무 늦었다고 생각할지도 모른다. 그러나 직장과 결혼이 인생의 밑그림에서 차지하는 비중은 생각보다 작다. 남은 부분을 잘 설계하면 직장 생활과 결혼 생활도 충분히 달라질 수 있다.

폴 고갱은 유능한 주식 중매인으로 살다가 30대 중반이 넘어서야 화가의 길을 걷기 시작했다. 알버트 슈바이처는 40세가 다 된 나이에 의사가 되어 의료 봉사의 삶을 살았고, 세관원이었던 앙리 루소 역시 49세의 나이에 그림을 그리기 시작해 훗날 파블로 피카소에까지 영향을 미쳤다. 마음만 먹으면 얼마든지 찾아낼 수 있는 이런 예들만 보더라도 비전과 전략을 세우는 일에 있어 결코 늦은 나이란 없다는 것을 알 수 있다.

●

어느 50대 중후반 사람과 이야기를 나누던 중 '노후 계획'이란 말이 나왔다.

"노후에는 계획을 세우지 말라는 글을 읽은 적이 있는데 공감이 가더군요."

"글쎄요, 이제는 100세 시대라 노후가 엄청나게 길어질 텐데 계획 없이 사는 게 과연 잘하는 걸까요?"

그러자 그는 나이 들면 좀 단순하게 살아야 하지 않겠냐고 반문했다.

"인간은 원래 아주 복잡한 존재이지 않습니까. 만일 단순하게 살 수 있다면 상당한 경지에 도달한 사람이 아닐까요? 그렇지 않은 사람이 단순하게 살려고 하면 삶이 무료해질 것 같은데……."

"뭐가 무료합니까? 재미있는 일도 참 많을 텐데."

"꼭 그렇지만도 않아요. 어떤 노인 복지 전문가가 그러더군요. 많은 노인들이 등산이며 게이트볼, 스포츠 댄스 같은 활동으로 하루를 채워

보려고 하지만 시간이 많이 남아서 아주 무료해한다고 말입니다."

젊은이들에게는 '100세 시대'란 말이 크게 와 닿지 않을 수도 있다. 하지만 100세 시대는 불확실한 가능성이 아니라 반드시 다가올 미래다. 만일 100세까지 산다고 가정했을 때 50대에 퇴직하면 그 다음부터는 뭘 해야 할까? 젊은이들은 아직 이런 고민을 하지 않지만 비전을 세우려면 이 질문을 반드시 고려해야 한다. 즉 100세까지 산다고 생각하면서 인생의 밑그림을 그려야 하는 것이다. 오래 살수록 비전의 중요성은 더욱 더 커지기 때문이다.

언젠가 한 번은 80대 노인이 이런 이야기를 들려주었다.

"나는 환갑을 앞두고 은퇴했다네. 그때까지 사회적으로 꽤 성공했기 때문에 많은 사람들이 부러워했지."

그분은 은퇴 후에 앞으로 살면 얼마나 살겠나 싶어 인생에 대한 특별한 계획 없이 그럭저럭 살았다고 했다.

"어느덧 20년이 훌쩍 지나 여든이 되었는데도 아직 건강하단 말이야. 이렇게 오래 살 줄 알았더라면 은퇴할 때 미리 계획을 세워둘 걸 그랬어. 그럼 좀 더 의미 있게 살았을 텐데……."

그러면서 그냥 세월만 보낸 것이 너무 후회스럽다고 말했다.

남의 이야기가 아니다. 젊은이들은 앞으로 100세까지 살 것이 틀림없다. 대부분은 50대 후반이면 은퇴하게 될 것이다. 그럼 나머지 절반에 가까운 인생은 어떻게 살아야 할까? 미리 준비하지 않으면 속수무책으로 제2의 인생을 맞이할 수밖에 없다.

『끝이 좋으면 다 좋아(All's well that ends well)』라는 셰익스피어의 희곡 제목처럼 인생도 마찬가지다. 노후가 행복하지 않다면 진정 성공한 삶이라고 말할 수 없다. 어쩌면 오히려 60세 이후의 삶에 더 큰 비중을 두고 비전을 수립해야 할지도 모른다. 그렇기 때문에 더더욱 상식적·기계적·습관적으로 살아서는 안 된다. 100세까지 인형과 로봇처럼 산다면 인생이 얼마나 지루할지 생각해보라. 과연 멋진 인생이었다고 마지막 순간에 자신 있게 말할 수 있을까? 100세 시대에는 인생의 전반부와 후반부를 각각 담당할 두 개의 비전이 필요하지 않을까? 우리 모두 고민해볼 문제다.

당신은 어떤 이야기를
가진 사람인가

"정말이지 요즘은 다들 어학연수는 기본이고 배낭여행이다, 워킹 홀리데이다 해서 안 다녀온 애들이 없어요. 그에 비하면 저는 스펙이 너무 없어요."
"글쎄, 인사 담당자들 얘기로는 스펙은 1차 서류 전형에서만 고려하고 면접 때는 다른 걸 본다던데?"
"어, 이상하다. 저는 서류 전형은 잘 통과하는데 면접에서만 계속 떨어지거든요."
"그럼 배낭여행이나 워킹 홀리데이 같은 스펙은 별로 중요한 요소가 아닌가 보네. 서류 전형에서 따지는 스펙이란 어쩌면 학벌이나 성적 같은 것일지도 몰라. 그러니까 이제 스펙 강박 관념에서 좀 벗어나보는 게 어때?"

오늘날 우리 사회에서 스펙이 어느 정도의 비중을 차지하는 건 분명한 사실이다. 하지만 학생들이 생각하는 것만큼 지대한 영향을 미치진 않는다. 기업마다 다르겠지만 1차 서류 전형에서 제한적으로 스펙을 고려할 뿐이다. 어쩌면 1차 서류 전형에서는 다른 스펙보다 학벌과 성적이 가장 중요한 역할을 할지도 모른다. 또 기업에 따라서는 부모의 사회적 위치나 집안의 배경이 결정적 변수로 작용하기도 한다. 왜냐하면 입사

후에 그런 위치와 배경이 회사 발전에 기여할 수 있기 때문이다. 이것이 현실이다.

만약에 1차 서류 전형 통과가 목표라면 열심히 스펙을 쌓아도 된다. 그러나 취업이 목표라면 스펙은 별 도움이 되지 않는다. 따라서 1차 서류 전형에서 자꾸 떨어진다면 그 이유를 곰곰이 분석해볼 필요가 있다. 어쩌면 스펙은 흔히들 생각하는 것처럼 '많을수록 좋은 것'이 아닐지도 모른다. 다른 스펙보다 학벌이나 성적이 더 큰 비중을 차지할 수도 있기 때문이다.

학벌 이외에 스펙이 거의 없는 일류 대학 출신들이 거뜬히 취업하는 사례를 나는 꽤 많이 봤다. 실제로 학벌이 좋은 직원은 기업에 현실적인 이익을 가져다준다. 우리나라처럼 인적 네트워크가 중요한 사회에서 명문대 출신은 곳곳에 친구와 선후배가 있으니 업무 처리에 보다 유리하지 않겠는가. 결국 학벌은 우리의 불합리한 환경이 만들어낸 '합리적 병폐'인 셈이다. 1차 서류 전형에서 자꾸 떨어진다면 합격할 수 있는 직장으로 눈높이를 낮추는 게 현명한 방법일 것이다.

기업마다 입사 지원서에 '수상 경력'이나 '해외 연수' 등을 쓸 수 있는 빈칸이 있지만, 이것이 당락을 결정짓진 않는다. 기업에서 요구하는 스펙 항목은 많지만 막상 알고 보면 학벌, 성적, 집안 환경처럼 인사 담당자들이 속으로 진짜 중요하다고 생각하는 스펙 한두 가지에 의해서만 일률적으로 면접자가 걸러지고 있는 것인지도 모른다. 어떤 기업은 지원자가 너무 많다 보니 영어와 시험 성적으로만 면접 대상자를 선발하기도 한다. 현실이 이런데도 스펙 때문에 젊은이들이 대학 시절 내내 겪는 고통을 생각해보면 오늘날 기업의 행태는 너무나도 기계적이고 비효율적이며 심지어 비인간적이기까지 하다. 그냥 자기소개만 해도 충분할 텐데 정해진 양식에 맞춰 스펙 항목을 일일이 나열해야 하니 젊은이들 역시 이것을 무시할 수 없지 않은가. 어쩌면 스펙 열풍은 업무 편의만을 생각한 인사 담당자들의 무책임한 행태가 만들어낸 이 시대의 괴물일지도 모른다.

요즘은 상당수의 대기업들이 전공과는 무관한 필기시험을 입사 전형으로 삼고 있는데, 이는 일종의 적성 검사나 지능 검사와 비슷하다고 한다. 그렇게 필기시험도 보고 면접 때 그룹 토론까지 하는데 과연 스펙을 고려하기나 할까? 아마도 스펙은 당락에 부수적인 영향밖에 미치지 못할 것이다. 최근 지방대 출신을 35%까지 선발하겠다고 선언한 바 있는 삼성의 한 인사 담당자는 '스펙은 좋지만 헝그리 정신과 창의력이 부족한 지원자가 많다'고 말했다. 얼마 가지 않아 스펙에만 신경 쓰는 학생들은 그것이 얼마나 바보 같은 행동인지 알게 될 것이다. 그러니 하루라도 빨리 세상의 흐름을 파악해야 한다. 기업 경영에 있어서도 학벌, 스펙, 경영학 지식 등은 그다지 큰 역할을 하지 못한다. 기업과 젊은이들 모두 하루 빨리 착각에서 벗어나야 한다.

그런데도 학생들은 여전히 스펙에 목을 맨다. 스펙이 좋아서 1차 서류 전형을 통과한다고 해도 면접으로 가면 더 이상 스펙이 아무 소용없어진다. 오히려 면접에서는 스펙보다 사람의 됨됨이를 본다. 기업에서 원하는 인재는 신뢰성, 도덕성, 성실성, 적극성, 인내심, 모험심, 창의력, 판단력, 대인관계 능력 등을 두루 갖춘 사람이지 영어 점수가 몇 점 더 높은 사람이 아니다. 면접에서 원하는 건 점수가 아니라 '매력 있는 인재'다.

학생들이 너도나도 쌓으려고 노력하는 스펙들을 하나하나 살펴보면 모두 좋은 것들이다. 자원봉사, 자격증, 해외 연수 다 좋다. 그러나 1차 서류 전형만 합격한다한들 무슨 소용인가? 오로지 스펙만 쌓으려는 학생들은 아직 괜찮은데도 배고플 걸 염려해 미리 잔뜩 먹어두려는 바보와 같다. 자기가 무엇을 좋아하는지, 무엇을 잘하는지조차 모르다 보니 불안한 미래를 대비하고자 스펙만 차곡차곡 쌓아두는 건지도 모른다. 이럴수록 우리는 천편일률적인 스펙으로 채워진 입사 지원서에 진저리가 난다는 어느 기업 CEO의 말을 새겨들을 필요가 있다.

이렇게 부질없이 스펙 쌓기에만 몰두하는 학생들에게 대안을 제시하기는커녕 오히려 스펙 쌓기를 도와주어야 하는 대학의 현실 또한 참담하기 이를 데 없다. 지금의 대학은 교육에 대한 뚜렷한 가치관과 목표 없이 우왕좌왕하고 있다. 철학은 사라지고 계산에 밝은 경영만이 득세하고 있다. 사회의 가치와 철학을 주도하고 세상이 나아갈 방향을 설정해야 할 대학이 교육부나 언론의 평가 지표에 중심을 잃고 마구 흔들리니 한심한 노릇이 아닐 수 없다.

✦

우리는 겉으로는 아니라고 하면서도 실제로는 성적을 매우 중시하는 위선적인 사회에서 살고 있다. 대학에서 학과를 선택할 때도 성적, 취업할 때도 성적, 일부 조직에서는 심지어 승진마저도 시험 성적으로 결정한다. 그럼에도 모든 기업들은 '성적은 중요하지 않다'고 말한다. 기업이 성적을 따지지 않는다면 학생들이 이토록 예민하게 성적 관리에 목을 맬 이유가 없지 않은가?

 기업이 정말로 성적을 보지 않는다면 성적 증명서를 제출하라는 말도 하지 말아야 할 것이다. 물론 성적을 통해 성실성을 간접적으로 측정할 수는 있지만 과연 대학 성적이 얼마나 정확한 지표가 될 수 있을까? 공부로 먹고 사는 학자들의 세계에서도 성적이란 사실 그다지 중요한 지표가 아니다.

 세계적인 물리학자 스티븐 호킹의 학부 시절 성적은 형편없었다. 그렇다고 그의 학부 시절 성적을 문제 삼아야 할까? 미국 대학원에서 한국 유학생들은 대부분 성적이 좋지만 정작 논문을 쓸 때는 미국 학생들에게 뒤떨어지는 편이다. 신임 교수를 채용할 때도 미국 대학은 성적표 대신 논문과 추천서를 요구하지만 한국 대학은 학부 성적표, 석사 과정 성적표, 박사 과정 성적표까지 요구한다.

 '성적은 중요하지 않다'고 생각한다면 기업이든 대학이든 모든 조직이 성적표를 제출하라고 요구하지 않아야 하는 게 정상이다. 졸업장만 제출하면 충분하다. 정말 학벌보다 능력이 더 중요하다면 졸업장도 제출하라고 요구할 필요가 없다. 대학 중퇴자인 스티브 잡스가 우리나라 기업에 취직하려 했다면 제출할 내용이 단 하나도 없었을 것이다.

 지금 성적에 목을 매는 학생들도 나중에 사회생활을 하다 보면 대학 시절 수업을 통해 배운 내용이 그다지 크게 도움이 안 된다는 걸 알 수 있을 것이다. 만일 그 사실을 일찍 깨닫는다면 운동이나 독서, 예술 활동, 동아리 활동, 여행, 사회 활동을 하는 데 더 많은 시간을 쏟을 수 있을지도 모른다. 미국의 MIT처럼 1학년 과목은 아예 모두 Pass(통과), Fail(실패)로 평가하면 어떨까? 우리나라 대학은 성적 평가 방법을 획기적으로 개선할 필요가 있다. 학생들을 성적에서 해방시키고 인재로 성장할 수 있는 시간을 더 많이 확보해주어야 한다. 대학은 시험을 통해서만 학생들이 한 학기 동안 배운 내용을 정확하게 평가할 수 있다는 오만을 버려야 한다. 성적은 분명 참고할 만한 지표이기는 하지만 그다지 좋은 지표는 아니기 때문이다. 나 역시 제자들 가운데 A를 받은 학생이 B^+를 받은 학생에 비해 더 우수하다고 자신하지는 못한다.

결국 오늘날 젊은이들이 너도나도 쌓고 있는 스펙이란 사실상 기업이 추구하는 인재상과는 거리가 멀다. 기업은 끝없이 혁신해야 한다. 혁신이란 새로운 가치를 창출하는 것이다. 종합해보면 기업이 원하는 인재는 신뢰성, 도덕성, 성실성, 적극성, 인내심, 모험심, 창의력, 판단력, 대인관계 능력을 갖춘 사람이다. 화려한 스펙을 갖고서도 늘 제자리에 머물러 있는 사람보다는 최소한의 가치라도 만들어내려는 사람에게 기업은 관심을 보인다.

이때 '저는 성실합니다', '저는 신뢰할 수 있습니다', '저는 열정적입니다', '저는 창의적입니다'라는 식의 자기소개는 아무 도움이 되지 않는다. 이것은 마치 한 편의 영화나 소설이 시작할 때 '이 영화는 아주 슬픈 내용을 담고 있습니다', '이 소설은 무척 재미있습니다'라고 말하는 것과 같다. 관객들은 슬픈 이야기나 재미있는 내용을 원할 뿐 작가의 설명 따위에는 별 관심이 없다. 그런 점에서 취업하고 싶은 지원자는 가능한 한 스토리로 무장해야 한다. 인상적인 스토리를 지닌 지원자일수록 매력적으로 비춰질 테니 말이다.

어떤 학생이 대학 3학년 때 휴학하고 전국 일주를 한 뒤 여행 에세이를 출간했다는 이야기는 성적보다 더 훌륭한 스토리다. 인사 담당자는 이런 이야기에 감동한다. 평범해 보이는 여학생인데도 ROTC 출신 장교라는 스토리가 있다면 많은 자질을 보다 설득력 있게 홍보할 수 있다. 스펙보다 중요한 것은 나에게 기업이 원하는 자질이 있다는 사실을 이야기로써 들려주는 '스토리텔링'이다. 스토리는 성적이나 스펙보다 훨씬 많은 것을 가장 효과적으로 전달할 수 있다.

여기서 유념해야 할 점은 남들과 별반 다를 게 없는 뻔한 이야기가 아닌, 자기만의 독창적이면서도 도전적인 이야기라야 한다는 것이다. 남을 의식하면서 이리저리 휩쓸려 살아가는 인생은 사는 것이 아니라 살아지는 인생이다. 기업은 그런 모방자들을 원하지 않는다. 거창하진 않더라도 자기만의 비전과 전략을 가진 사람, 일 속에서 매순간 가치와 의미를 찾고자 하는 능동적인 인재를 기업은 원하고 있다.

비전과 전략에는 그 사람이 들려주고 싶은 이야기가 담겨 있어야 한다. 비전과 전략은 그 사람만의 스토리텔링이다. 세월이 흘러 우리가 손자와 손녀들에게 들려주고 싶은 자기만의 이야기를 비전과 전략에 담아야 한다. 손자와 손녀가 '왜 그런 길을 가셨어요?'라고 물을 때 미소 지으며 삶의 행복, 가치, 의미를 말해줄 수 있어야 한다.

행복은 가지려고 하면
얻을 수 없다

"행복은 마음먹기에 달린 것 같아요. 파랑새처럼 가까운 곳에 있는데도 우리가 모르고 있는 거죠."
"그나저나 행복이란 게 대체 뭘까?"
"행복이란……, 말하자면 기분 좋은 상태가 아닐까요?"
"그럼 만약에 주변에서 온통 안 좋은 일만 벌어진다면 행복해지기는 다 틀린 셈이네?"

인생의 밑그림은 첫째 '행복을 어떻게 얻을 수 있는가'에 대한 내용이고, 둘째 '무엇으로부터 가치와 의미를 찾을 수 있는가'에 대한 내용이다. 여기서 가치와 의미란 철학이 있는 기쁨과 즐거움인 동시에 '나의 가치, 나의 의미'이므로 특별한 기쁨과 즐거움이기도 하다.

비전은 단지 좋아하는 것만을 기준으로 수립해서는 안 된다. 이는 전략에서 고려해야 할 문제다. 인생의 목적은 성공이나 출세가 아닌 행복이다. 따라서 비전은 행복에 대한 내용을 반드시 포함해야 한다.

원하는 것이 있으면 우리는 그것을 추구해서 얻는다. 하지만 안타깝게도 행복은 추구하고자 하면 얻을 수 없다. 행복은 추구하면 추구할수록 달아나버린다. 세상의 여러 물질적 가치와는 달리 행복은 '추구하지 않으면서 추구해야' 한다. 즉 인생의 목적은 행복이지만 행복은 추구하면 얻을 수 없기 때문에 인생의 목적이 되어서는 안 된다.

여기서 '행복이란 무엇인가?'라는 아주 평범한 질문에 대해 잠시 생각해보자. 모두가 흔히 알고 있으며 심리학이나 사회 과학 등에서 보편적으로 말하는 행복이란 크게 즐거움, 기쁨, 만족을 의미한다. 이러한 긍정적 감정들이 곧 행복이라는 생각에 우리는 늘 대상으로부터 행복을 얻을 수 있으리라 여긴다. 그래서 좋은 직장, 좋은 차, 좋은 집, 많은 돈, 성공한 자녀 등을 추구한다.

물론 지독한 가난 속에서 행복을 얻기란 힘들다. 그러나 어느 정도의 경제 수준이 되면 행복은 대상으로부터 얻을 수 있는 것이 아니며 즐거움, 기쁨, 만족은 일시적인 감정 상태일 뿐이다. 대상으로부터 얻는 즐거움, 기쁨, 만족은 욕망과 이어져 있다. 만일 그것을 행복이라 여긴다면 우리는 평생 행복해지기 어려울 것이다. 욕망은 만족을 모르기 때문이다. 그렇다면 행복은 과연 무엇일까?

행복이란 지혜, 자유, 평온의 또 다른 측면이자 그것을 얻었을 때 나타나는 부수적 결과다. 즐거움, 기쁨, 만족은 지혜, 자유, 평온을 얻지 않은 상태에서도 충분히 느낄 수 있는 감정이다. 하지만 행복은 즐거움, 기쁨, 만족보다 훨씬 더 높고 깊은 개념이며 '최상의 즐거움, 완전한 기쁨, 더없는 만족'이라는 표현으로도 설명하기엔 부족한 단어이다.

사람들은 흔히 외모나 학력, 경제력 등 외양으로 나타나는 부족함에 대해서는 부끄러워하지만 지혜, 자유와 평온, 가치와 의미의 결여에 대해서는 부끄러워하지 않는다. 알고 보면 거꾸로 된 것인데도 말이다. 상황이 그렇다 보니 대부분의 사람들이 후회하는 삶을 사는 게 아닐까?

주위를 둘러보면 경제적으로 여유가 있고 건강하며 가정생활이 원만한데도 행복을 느끼지 못하며 사는 사람들이 의외로 많다. 사실 내가 만난 거의 모든 부자들은 생각보다 행복하지 않았다. 혹시 불행한 부자들만 만난 것이 아닌가 하는 생각도 해봤지만 사실은 부자들뿐만이 아니다. 대부분의 사람들 역시 행복하지 않다. 삶 속에 지혜, 자유, 평온이 없기 때문이다.

지혜나 자유, 평온 같은 단어들은 얼핏 너무 이상적이고 비현실적인 말처럼 느껴질 수 있다. 현실이 암울하면 암울할수록 우리는 지혜, 자유, 평온을 간절히 필요로 한다. 유태인 포로수용소 생존자들에 대한 연구는 우리에게 많은 것을 시사해준다. 그들이 끝까지 살아남을 수 있었던 것은 담담하게 현실을 받아들이는 지혜와 평온이 있었기 때문이다. '이번 크리스마스 때는 꼭 구출될 거야'라고 낙관한 사람들의 경우 막상 그날 구출되지 못하면 스스로 생존의지를 잃으며 죽어갔지만, 낙관도 비관도 하지 않고 사태를 있는 그대로 볼 수 있었던 사람은 상대적으로 오래 생존했다고 한다.

미국 버클리 대학에서 공부할 때 기숙사 도서관 벽에 붙어 있던 포스터에 이런 구절이 있었다.

"Happiness is the results of being too busy to be miserable."

(너무 바빠서 비참해질 시간조차 없을 때가 바로 행복이다.)

제법 음미해봄직한 말이지만 행복의 정의로는 한계가 있다. 많은 사람들이 '행복이란 자기 주변에서 찾는 것이다', '행복이란 마음먹기에 달렸다'고 말한다. 다 맞는 말인 것 같지만 실질적으로 도움이 되는 말은 하나도 없다. 그나마 내게는 아일랜드 트리니티 칼리지의 사이언스 갤러리에 적혀 있는 이 말이 비교적 와닿는다.

"행복은 문제가 없는 상태가 아니라 문제를 해결하는 능력이다."

지혜, 자유, 평온이 있는 사람은 문제를 해결하는 능력도 뛰어나다. 사물과 현상을 있는 그대로 보고 집착하지 않으며 담담하게 물 흐르듯 최선을 다할 수 있기 때문이다.

행복의 씨앗이자 열매인 지혜, 자유, 평온을 얻기 위해서는 오랜 기간 성찰과 실천이 필요하며 또한 삶이 총체적으로 변해야 가능하다. 어떤 특정한 행동 하나만으로 그것을 얻을 수 있는 가법 따위는 존재하지 않는다. 삶이 총체적으로 변한다 하더라도 지혜, 자유, 평온은 조금씩 얻어질 뿐 한 번에 완성되지 않는다. 이렇게 말하면 아주 어렵거나 불가능하게 느껴지지만 알고 보면 매우 쉬운 일이기도 하다. 예컨대 조금만 욕심을 버려도 지혜, 자유, 평온은 놀라울 정도로 커진다. 욕심을 버린다는 것은 어려우면서도 쉬운 일이다. 대부분은 얻기보다 버리기가 더 쉽기 때문에 욕심도 버리기가 쉽다. 하지만 욕심은 타고나는 것이어서 버리기가 더 어려운 것인지도 모르겠다.

지혜, 자유, 평온은 세상과 동떨어져 오로지 나의 노력만으로 이루어질 수 있다고 생각해서는 안 된다. 또 그것을 얻는 것이 마치 나만의 일인 것처럼 생각해서도 안 된다. 모든 것은 서로 연결되어 있고 상호 의존적이기 때문이다.

세상이 지혜롭지 못하고 자유롭지 못하고 평온하지 못한데 내가 어떻게 지혜, 자유, 평온을 얻을 수 있을까 하고 반문할 수도 있다. 하지만 소수의 사람들만이라도 이를 실현하고자 노력한다면 세상 역시 사람들의 행복을 위해 첫걸음을 내디딜 수 있다. 우리는 끊임없이 스스로를 바꾸려고 애쓰듯이 세상을 바꾸려고 노력해야 한다. 다만 우리 생전에 모든 것이 완벽해질 수는 없기 때문에 어쩔 수 없는 한계는 수용하면서 부단히 노력하며 해결책을 찾아야만 한다.

너무 훌륭해지려고 하지 말자

"저는 그냥 중소기업에 들어가서 차곡차곡 돈을 모아 행복한 가정을 꾸리고 싶어요. 그런데 친구들과 얘기하다 보면 좀 우울해져요."
"그건 왜지?"
"친구들은 고시 공부다, 로스쿨이다 해서 다들 큰 꿈을 품고 있거나 아주 거창한 계획을 갖고 있거든요. 거기에 비하면 제 비전은 너무 소박하잖아요."
"비전은 그냥 비전이야. 소박하다, 거창하다는 가치 판단보다는 나에게 맞는 비전인지 물어봐야 해. 그리고 너무 훌륭해지려고 하지 마."

비전과 전략은 거창하고 멋진 단어라 자기만의 가치와 의미를 포함하는 과정에서 자칫하면 현실감을 잃어버릴 우려가 있다. 예를 들어 '공동체를 위해 헌신하는 삶'이라든가 '교육계에 새로운 패러다임을 제시하는 삶'처럼 누가 봐도 거창한 계획을 생각하는 것이다. 하지만 가치와 의미는 단순하고 소박한 삶에서도 얼마든지 찾을 수 있다.

내가 만난 어느 학생은 성적이나 스펙 등 모든 것이 뛰어났고 인상도 좋아서 면접 때 호감을 살 수 있는 타입이었다. 그런데 의외로 그는 취업을 하지 못하고 있었다. 그렇다고 모두 들어가려고 애쓰는, 소위 괜찮은 회사에 관심이 있는 것 같지도 않았다.

"혹시 눈이 너무 높은 거 아니야?"

내가 물었다.

"아닙니다. 그게 아니라 사실 제가 꿈꾸는 인생이 따로 있거든요."

"어떤 인생인지 들어볼 수 있을까?"

"남들은 웃을지 모르겠지만 솔직히 저는 행복한 가정을 꿈꾸고 있습니다. 저녁 식사는 꼭 가족과 함께 하고 싶어요. 그런데 정시에 퇴근하는 직장이 아주 드물더군요."

"드물긴 해도 없는 건 아니잖아. 어쨌건 가치와 의미를 발견했으니 이제 행복해질 일만 남았네."

나는 솔직히 이 학생한테서 감동을 받았다. 젊은 나이에 이토록 뚜렷한 인생관을 갖긴 어렵다. 물론 일찍 퇴근하는 직장은 누구나 좋아한다. 하지만 이 학생은 단순히 일찍 퇴근할 수 있는 편한 직장만을 원하는 게 아니었다. 자신의 가치와 의미를 실현할 수 있는 삶을 원한 것이다. 비전은 그 누구도 아닌 바로 자기와의 문제이다.

슈바이처가 되는 비전, 테레사 수녀가 되는 비전만이 훌륭한 것은 아니다. 사람들은 돈을 좋아하면서도 돈을 많이 버는 것으로부터 가치와 의미를 찾겠다는 비전에 대해서는 경멸할지도 모른다. 그러나 자신의 일과 삶에서 지혜, 자유, 평온을 얻은 부자는 그렇지 못한 종교인보다 더 행복하다. 우리는 흔히 물질적 대상에 대해 섣부른 가치 판단을 하려고 든다. 즉 돈이나 정치는 나쁜 것이고 봉사나 종교, 학문은 좋은 것이라는 오해가 바로 그것이다. 막연히 '사업가와 정치가는 나쁘고 사회봉사하는 사람, 종교인, 학자는 좋다'고 도식적으로 생각한다. 우리의 기준은 겉으로 드러난 조건이 아니라 그 안에 들어 있는 비전과 전략이어야만 한다.

사람들은 흔히 의사, 판검사, 변호사, 교수, 공인회계사와 같은 직업을 두고 비전이 있다고 말한다. 좋은 직장이나 직위를 갖고 있으면서 돈을 많이 벌 수 있으면 비전이 있고 그렇지 않으면 '저 사람, 비전이 없어'라고 쉽게 말해버린다. 좋은 직업을 가졌다고 해서 반드시 비전이 있는 사람이 되는 건 아닌데 말이다.

비전과 전략은 선악의 판단 기준이 개입하는 영역이 아니다. 돈이나 편안한 삶에서 가치와 의미를 추구하면 나쁘고, 봉사하는 삶에서 가치와 의미를 추구하면 좋다는 식의 이분법은 옳지 않다. 나는 지혜, 자유, 평온을 얻어야 행복할 수 있다고 주장하지만, 설령 그렇지 못하다고 해서 무조건 나쁜 것은 아니다. 단지 불행할 뿐이다. 마찬가지로 가치와 의미를 찾을 수 있는 대상이 없다고 해서 무조건 잘못된 것은 아니다. 단지 온전한 행복을 얻기 어려울 뿐이다.

비전과 전략을 세운다는 것은 뭔가 거창한 업적과 존경받을 만한 인생을 위해서만이 아니다. 모두가 꼭 그런 삶을 살아야 할 필요도 없다. 세상의 거친 파도 앞에서도 흔들리지 않고 당당히 자기 삶을 살아갈 수 있는 자기만의 좌표를 마련하는 것, 그리하여 자기만의 가치와 의미 위에서 보다 지혜롭고 자유롭게 평온한 삶을 살기 위해서 비전과 전략이 필요한 것이다.

인생,
모든 공부를 우선하는 절대 과목

"저는 결혼에 있어선 사랑이 제일 중요할 것 같아요."
"수십 년을 같이 살 사람을 선택하면서 '사랑'이라는 어쩌면 비정상적인 정신 상태를 가장 중요하게 생각해도 될까?"
"하긴 사랑은 호르몬 작용이라 3년 안에 식는다는 연구 결과를 본 적이 있긴 해요."
"하지만 수십 년간 지속되는 사랑도 있어. 그래서 단편적 지식이 아닌 과학적 분석이 필요한 거야."

군 복무를 마칠 무렵, 나는 고교 시절을 포함한 총 6년간의 방황을 끝낼 준비가 되어 있었다. 그때 내 머릿속에 그려져 있던 미래에 대한 많은 그림들 중에서 가장 중심이었던 밑그림은 학문의 길이었다. 하지만 마음속엔 딱 한 가지 미련이 남아 있었다. 방송국 앵커가 되고 싶다는 꿈이 계속 꿈틀대고 있었던 것이다. 다른 직장은 전혀 관심이 없었다. 나는 미국으로 유학을 가기 전에 꼭 한번 앵커 시험에 응시해보고 싶었다. 사회 과학을 전공했으니 시사 프로그램을 담당해 사회 문제에 대한 해설을 하면 좋을 것 같았다. 미리 시험 준비를 한답시고 제대 말기부터 남몰래 말하는 연습을 시작했다. 더듬지 않고 말하는 연습은 물론 말투와 음성도 앵커처럼 고치려고 애썼다. 해안 츠소에서 바다를 향해 발성 연습을 할 때면 보초를 서는 부대원들이 이다금 킥킥대며 웃기도 했다.

군 복무를 마치고 유학 준비를 하는 동안 MBC 아나운서와 PD 채용 공고를 보게 되었다. 나는 주저 없이 지원했다. 시험 과목은 상식과 영어, 논술이었다. 보통 상식 과목을 준비하려면 시중에 나와 있는 상식 책을 사서 공부해야 했지만, 나는 평소에 책을 많이 읽어두었던 터라 상식은 문제없을 거라 생각했다. 그런데 상식 시험 당일, 문제를 접하는 순간 아차 싶었다. 상식 수험서로 공부하지 않은 사람은 답하기 어려울 만큼 단편적인 암기를 필요로 하는 문제들이 시험에 나왔던 것이다. 결과는 당연히 불합격이었다. 시험에 낙방한 뒤 나는 원래 계획대로 유학을 떠났다. 이후 10년에 걸친 미국 유학과 교수 생활을 마치고 귀국해 지금까지 학자의 길을 걷고 있다.

때로는 나에게 묻는다. 그때 MBC에 합격했더라면 오늘 나는 무엇을 하고 있을까? 방송인으로서 가치와 의미를 찾고 있을까, 아니면 학자들을 부러워하고 있을까? 어찌됐건 미련은 없다. 지금 나는 학문을 통해서 가치와 의미를 찾고 있기 때문이다. 학둔의 길은 나의 직업이므로 당연히 전략이지만, 또한 나의 비전이기도 하다. 비전을 잘 세워놓으면 인생의 뒤안길에서 후회가 적어진다. 왜냐하면 행복, 가치, 의미에 대항할 수 있는 대안은 거의 없기 때문이다.

전공과 직업의 선택은 비전을 실현하는 전략 중에서도 가장 중요한 내용이다. 우리는 전공과 직업을 곧잘 비전과 혼동한다. 하지만 비전은 행복, 가치, 의미에 대한 내용이므로 철학적 성찰의 영역이다. 그리고 전략은 삶의 태도, 전공, 직업, 사랑과 결혼에 대한 내용이므로 철학적 성찰에 기초한 과학적 선택의 영역으로 볼 수 있다.

'무엇이 더 좋은 삶의 태도인가?'

'무엇이 더 좋은 전공이고 더 좋은 직업인가?'

'누구와 인생을 살아갈 것인가?'

이런 문제들은 모두 전략이며 과학적 지식과 정보에 근거해서 생각해야 한다. 예를 들면 세상에 태어나 별 기복 없이 평범하게 자란 사람일수록 적극적인 삶의 전략을 선택할 필요가 있다. 소극적인 태도로는 세상을 살아가기가 너무 어렵기 때문이다. 이러한 선택에는 철학적 성찰도 필요하지만 과학적 분석이 더 중요하다. '적극적으로 살았을 때 더 좋은 결과가 나올 확률이 높을까?'의 문제는 결국 과학적 분석의 테두리 안에 있는 것이니 말이다.

지금의 청춘들은 대학에 입학하면서부터 직장을 고민한다. 상대적으로 취업이 어려운 지방 대학의 경우 그 지역의 최고 직장에 들어가기 위해 대학 1학년 때부터 준비하는 학생들도 있다. 나름 실력이 우수한 학생들은 로스쿨 진학, 공인회계사 자격증, 의사, 대기업 취직 등을 꿈꾼다. 그러다 보니 이런 직업들은 모두 궁극적인 목적이 되고 만다. 학생들은 스스로 멋진 비전을 세웠다고 오해하며 좋아하지만, 사실 이것은 인생의 전략, 즉 수단에 불과하다. 결국 오늘날의 젊은이들은 오직 직업이라는 수단만을 위해 대학 시절을 보내고 있는 셈이다.

비전이 빠진 직업은 인생의 행복을 위한 전략이 되지 못하고 단지 먹고 살기에 급급한 호구지책이 되어버리고 만다. 그래서 자신의 직업을 부끄러워하고 평생 남을 부러워하며 살아가는 경우도 많다. 가치와 의미가 결여되었기 때문이다. 이에 반해 인생의 밑그림을 실현하기 위한 방법으로 직업을 선택한 사람은 설령 초라한 직장을 얻었다 하더라도 최선을 다하며 살아간다.

이렇듯 전략은 비전에 기초해 수립해야만 한다. 만일 누군가의 비전이 봉사하는 삶에서 가치와 의미를 찾는 것이라면 사람에 따라 여러 가지 전략이 가능하다. 예를 들면 의사가 되어 아프리카의 불쌍한 사람들을 치료하는 길을 전략으로 선택할 수 있다. 슈바이처나 고(故) 이태석 신부 같은 이들은 아마 이런 생각에서 의대에 진학했을 것이다. 훌륭한 정치가가 되어 사회를 개혁하겠다는 전략이나 사업으로 돈을 많이 벌어 사회 복지 기관을 설립하겠다는 전략을 세울 수도 있다. 혹은 자연 과학자가 되어 현재 인류가 직면한 많은 문제를 해결하겠다는 전략을 세울 수도 있다. 모두 남에게 봉사하는 삶을 비전으로 세웠지만 전공과 직업은 이처럼 각양각색으로 나타날 수 있다.

같은 직업을 선택하더라도 비전에 기초한 전략을 가진 사람과 그렇지 못한 사람의 삶은 확연히 다르다. 권력을 위해 정치를 하는 것과 사회의 부조리를 개혁하기 위해 정치를 하는 것은 다르며, 명성과 안정을 위해 교수가 되는 것과 인류의 질병을 치유하는 위대한 발견을 하기 위해 교수가 되는 것은 엄연히 다를 수밖에 없다.

전략을 세울 때는 다음의 세 가지 내용을 반드시 포함해야 한다.

삶의 태도, 관점, 방법 (정직하게 사는 전략 등)	전공과 직업의 선택	배우자의 선택 (사랑과 결혼)

첫째, 전략은 삶을 사는 태도, 관점, 방법이다. 정직하게 사는 전략이 있는가 하면 수단과 방법을 가리지 않고 사는 전략이나 중도적인 방법으로 사는 전략도 있을 수 있다. 지혜롭게 사는 전략, 부지런하게 사는 전략, 적당히 편안하게 사는 전략, 해외에 진출하는 전략, 낙관적으로 사는 전략, 적극적으로 사는 전략, 남과 동업하는 전략 등 선택할 수 있는 전략은 이처럼 무수히 많다.

삶을 사는 태도와 관점 그리고 방법은 그림을 그릴 때 어떤 화풍을 선택하느냐의 문제와 유사하다. 삶을 어떤 방식으로 살 것인가는 전공, 직업, 배우자의 선택과 더불어 전략의 가장 중요한 내용이다. 정직하고 부지런하게 사는 전략을 선택할 것인가, 그렇지 않을 것인가를 예로 들어보자.

나는 2년여간 한 조직의 기관장으로 일한 적이 있다. 그때 나는 예외적인 상황을 제외하고는 정직하고 부지런하게 사는 것이 더 이익이라는 사실을 깨달았다. 직원들 중에는 열심히 일하는 사람도 있었고 게으른 사람도 있었다. 살펴보니 게으름 피우는 사람이 게으름을 피워서 확보한 시간에 자기에게 유익한 일을 하는 건 아니었다. 대부분의 경우 게으름을 피워서 얻은 시간에도 역시 게으름을 피우며 지내고 있었다.

반면 정직하고 부지런한 사람은 어느 부서에서나 서로 데려가려고 했다. 물론 사회의 모든 영역에서 정직하고 부지런한 사람이 반드시 유리한 위치에 서는 건 아니다. 아직 우리 사회에는 정직하고 부지런한 태도가 정당하게 보상받지 못하는 영역들이 많기 때문이다. 그래서 영악한 처신을 전략으로 삼는 사람들이 많은 것도 사실이다. 상황을 잘 파악해 정직하고 부지런한 것이 이익이 되는 영역에서는 당연히 정직하고 부지런한 전략을 선택해야 한다.

사람들은 생각보다 전략적이지 않다. 정직하고 부지런하기란 쉽지 않지만 사실 알고 보면 또 그렇게 어려운 일도 아니다. 그것이 이익이라는 사실을 안다면 그냥 정직해지고 부지런해지견 되지 않겠는가?

둘째, 전략은 전공과 직업의 선택을 포함해야 한다. 대학에 진학하려는 학생에게는 대학과 전공의 선택도 전략이다. 고등학교 1학년 학생에게는 문과, 이과의 선택도 전략이다. 전략은 비전에 달려 있다. 가령 정신적 지도자가 되겠다는 비전을 갖고 정치인이 되겠다는 전략을 세운다면 훌륭한 정치가가 될 것이고, 권력을 누리고 싶어 정치인이 되겠다는 전략을 세운다면 독재자가 될 가능성이 높다.

셋째, 전략은 배우자(사랑과 결혼)의 선택을 포함해야 한다. 비전이라는 밑그림을 혼자 그릴 것인가, 아니면 누구와 함께 그릴 것인가? 전공과 직업의 선택이 경제적 측면의 인생 전략이라면 배우자의 선택은 정신적 측면의 인생 전략이다. 배우자를 선택하지 않는 것도 하나의 전략이다. 독신 생활이 나쁠 이유는 없다. 배우자의 선택은 전공과 직업의 선택 못지않게 중요하다. 오늘날 우리 사회도 일본처럼 이성에 무관심한 젊은이들이 늘고 있다. 사랑이나 결혼에는 관심 없고 오로지 일에만 몰두하거나 결혼이 귀찮아서 피하는 젊은이들도 많다. 누구를 사랑하고 누구와 결혼하는가는 나의 역량과 행복을 배가시킬 수 있는 또 하나의 선택이다. 인간은 사랑을 통해서 성장하고 결혼을 통해서 인생을 배울 수 있다.

배우자의 선택은 전공과 직업의 선택과는 다른 기준을 적용해야 한다고 주장하는 사람도 있을 수 있다. 예를 들어 오직 사랑만이 선택의 기준이 되어야 한다고 말하는 사랑 지상주의자들도 있다. 하지만 결혼에 대한 의사 결정은 연애와는 전혀 다른 영역이며 사랑 이외에도 수많은 관련 요인과 조건, 과학적 지식과 정보들이 종합적으로 뒷받침되어야 한다.

반대로 어떤 비전과 전략을 갖느냐에 따라 배우자를 지나치게 타산적으로 선택할 위험이 있을 수 있는데, 이 또한 극단의 한 측면이다. 사랑만을 기준으로 삼는 것도, 그렇다고 이해타산만을 기준으로 삼는 것도 둘 다 현명한 선택은 아니다. 배우자를 선택할 때 반드시 염두에 두어야 할 것은 행복, 가치, 의미라는 단어들이다. 이렇듯 인생에서 중요한 선택을 할 때 전략이라는 과학적 분석은 늘 비전에 대한 철학적 성찰과 연결되어 있어야 한다.

좋아하고 잘하는 것을 선택해야 할까

"우리 아이는 영화를 좋아해서 아무래도 영화 공부를 시켜야 할까 봐요."
"그럼 혹시 아이가 게임을 좋아하지는 않나요?"
"물론 게임도 엄청 좋아하죠."
"그렇다고 게임 기획자가 되기를 바라시는 건 아니죠?"

나는 어릴 때부터 음악을 좋아했다. 고등학교 때 교내 관현악단에 지원해 제1바이올린을 맡을 정도로 재능도 있었다. 하지만 음악을 전공하지는 않았다. 아무리 좋아해도 음악으로부터 가치와 의미를 찾는 타입은 아니었기 때문이다. 좀 더 커서 여러 가지 요소를 고려하게 됐을 때 나는 예술가의 길보다는 학자의 길이 최선의 전략이라고 생각했다. 그래서인지 음악가의 길을 가지 않은 것에 대해 지금도 별 미련이 없다.

전공과 직업을 선택해야 할 시점에서 사람들은 흔히 '자기가 잘하고 좋아하는 것을 선택하라'는 말을 듣게 된다. 그것이 정말로 가능하다면 그리고 그렇게 선택한 전공과 직업이 비전에 기초한 전략과도 부합한다면 얼마나 좋을까. 안타깝게도 오늘날은 자기가 좋아하고 잘하는 것만 고려해서 전략을 결정할 수 있는 시대가 아니다. 갈수록 복잡하고 끝없이 변하는 세상 속에서 수많은 요인과 조건을 분석해 전략을 수립해야 하기 때문이다.

의대생인 J와 공대생인 H는 대학 시절 함께 그룹사운드 활동을 하며 친해졌다. 각자 전공도 다르고 앞으로의 진로도 달랐지만 연주하는 동안만큼은 뮤지션이라는 공감대가 있었다. 그런데 취미로 연주하는 J와 달리 H는 자신의 전공보다는 음악 활동에 점점 더 빠져들었다. 그러다 마침내 H는 뮤지션의 인생을 살겠다고 작정하기에 이르렀다. J는 H에게 다시 한 번 생각해보라며 설득했지만 이미 그의 결심은 굳어진 상태였다.

세월이 흘러 J는 의사가 되었다. 중년의 나이가 된 그는 음악 동호회에서 만난 사람들과 함께 아마추어 그룹사운드를 조직해 취미 삼아 연주를 즐겼다. 한편 음악의 길로 갔던 H는 이름 없는 인디밴드에서 몇 년 정도 활동하다가 결국은 생계를 위해 음악 카페를 차렸다. 그는 지금도 주말이면 자신의 음악 카페에서 손님들을 위해 연주를 하고 있다. J와 H 모두 나이가 들어서도 여전히 좋아하는 일을 하고 있지만 마찬가지라고 보긴 어려울 것이다.

좋아하고 잘하는 것을 직업으로 선택하라는 말은 아주 제한적으로만 맞는 말이다. 비전에 의한 선택이 아니라 단지 좋아하는 것을 직업으로 삼았다가 오히려 좋아하던 것마저 잃는 경우도 많이 보았다. 그보다는 비전에 따른 삶을 살아가되, 좋아하고 잘하는 것을 늘 곁에 두고 누릴 수 있다면 그게 더 즐겁게 사는 방법이 아닐까?

때로는 좋아하는 일과 잘하는 일이 일치하지 않을 수도 있다. 예를 들어 어떤 여학생은 미술을 정말 좋아해서 미대에 가고 싶었지만 수학을 잘한다는 이유로 컴퓨터학과에 진학했다. 미술에 조예가 깊기 때문에 여전히 디자이너의 길을 갈 수도 있고 계속 공부해서 컴퓨터 프로그래머가 될 수도 있다. 어떤 길을 가야 할까? 좋아하는 것? 잘하는 것?

여기에는 정답이 없다. 왜냐하면 각자 처한 상황을 비롯하여 고려해야 할 요인과 조건이 천차만별이기 때문이다. 이런 문제는 모든 조건을 잘 따져 체계적이고 종합적으로 결정해야 한다. 그리고 이런 상황에서 의사 결정을 할 때는 분석적인 방법뿐만 아니라 직관도 사용할 필요가 있다. 또 단번에 최선의 결정을 할 수 있다고 자만해서도 안 된다. 전공과 직업을 바꾸는 경우도 비일비재하기 때문이다.

유학 시절 나는 행정학을 공부하면서 인접 학문의 중요성을 깨달았고, 특히 사회 과학의 모든 분야에 두루두루 영향을 미쳤던 경제학에 관심이 생겼다. 한국에서 경제학을 전공하지 않았던 터라 학부 3학년으로 편입해 공부를 해야만 했다. 아직 영어 실력이 부족한 유학생이 미국 학생들과 경쟁하기란 쉽지 않았다. 어렵사리 경제학 학사를 취득한 뒤 대학원 진학을 앞두고 나는 다시금 고민에 빠졌다. 경제학을 공부하긴 했지만 내가 기대했던 학문이 아니라는 걸 뒤늦게 깨달았고 평생 경제학을 연구하고 가르쳐야 한다는 사실이 지루하게 느껴졌기 때문이다. 행정학에서 경제학으로 이미 전공을 한 번 바꾼 마당에 또 다시 전공을 바꾸려고 하니 생각보다 큰 용기가 필요했다. 하지만 결국 내가 좋아하는 것, 나의 강점, 학문의 미래 비전 등 여러 가지 요인을 고려한 끝에 나는 회계학 석사 과정에 지원했다. 그 후 공인회계사 시험에 합격하고 최종적으로는 경영학 박사 학위를 취득했다.

내가 전공 선택이라는 전략을 여러 번 수정했던 것은 어떻게 보면 당연한 일이었다. 20대의 나이에 개별 사회 과학 분야가 각각 어떠한 학문적 특성을 갖고 있는지 정확히 알기는 어렵기 때문이다. 그래도 연구하고 가르치며 나의 잠재 능력을 발휘하는 데에서 가치와 의미를 찾겠다는 확신만큼은 한 번도 변하지 않았다. 다만 전략으로서의 전공은 행정학, 경제학, 회계학, 경영학을 거치며 결국 행정학 교수가 되었으니 한 바퀴 돌아 원래 위치를 찾은 것 같은 느낌이다. 전략이란 이런 것이다. 전략은 비전과 마찬가지로 평생 수정 가능한 유기체로 봐야 한다.

사실 '좋아하고 잘하는 것'은 아주 모호한 개념이다. 왜냐하면 그것은 평생에 걸쳐 계속 변할 수 있기 때문이다. 우리가 전공과 직업을 결정하는 시기는 일단 대학 진학을 앞두고서다. 그리고 늦어도 대학 4학년 때까지는 전공에 따라 직업을 결정한다. 결국 18세에서 25세 사이에 무엇을 좋아하고 무엇을 잘하는가를 기준으로 전공과 직업을 결정하는 셈이다. 하지만 사람은 나이가 들면서 좋아하는 것과 잘하는 것이 얼마든지 달라질 수 있다. 젊었을 때 지겨워하던 것도 나중에는 좋아질 수 있고, 잘한다고 생각하던 것도 언젠가는 평범한 재능으로 전락할 수도 있다.

만일 고등학교 3학년 때 좋아한 것이 5년 정도만 지속되고, 서른에 좋아하기 시작한 것이 50년 동안 지속된다면 무엇을 기준으로 선택해야 할까? 어떤 사람은 대학 시절 동아리 활동을 하면서 자기가 사람들과 잘 어울리는 재주가 있다고 생각했다. 하지만 서른에 비로소 그것이 착각이었다는 사실을 깨달았다. 학창 시절의 대인관계와 사회생활에서의 대인관계는 다른 점이 많았기 때문이다.

때로는 싫어하는 분야에서 자신의 장점을 발견할 수도 있다. 제자들 중에 행정고시와 공인회계사 시험을 놓고 갈등하는 학생이 있었다.

"수리적 두뇌가 있으면 행정고시보다는 공인회계사 시험이 더 적성에 맞을 것 같아. 수리적 두뇌가 있는 편이야?"

"아니요, 없는 것 같아요."

"왜 그렇게 생각해?"

"수학을 싫어하거든요."

"그렇구나. 나도 수학이 싫던데……. 나는 역사와 지리 과목이 재미있었고 음악과 미술도 좋아했어. 그런데 이상하게도 대학 입시에서는 오히려 수학 성적이 잘 나왔지."

"사실 저도 수학 성적은 좋은 편이었어요."

"그럼 수리적 두뇌가 있는 건데? 수리적 두뇌가 없는데 수학을 잘하기는 쉽지 않잖아? 수리적 두뇌가 없는 사람이라면 아예 수학을 싫어하거나 못했겠지. 하지만 수리적 두뇌가 있는 사람은 설령 수학을 싫어할지라도 하긴 잘할 거야."

"그러고 보니 저한테 수리적 두뇌가 있는 것 같아요. 수학을 싫어했지만 다른 애들보다 문제를 훨씬 빨리 풀었거든요."

자신의 장점은 쉽게 판단할 수 있는 것이 아니다. 과연 고등학교 3학년부터 대학을 졸업할 때까지 자기가 무엇을 좋아하는지 정말 확실히 알 수 있을까? 실제로 취업을 하지 않고 대학원에 들어와 세부 전공을 선택할 때까지도 자기가 도대체 무엇을 좋아하는지 모르는 학생들이 의외로 많다. 그렇지 않은 학생들 중에서도 자기가 무엇을 좋아하는지 알고 있다고 잘못 확신하는 경우가 꽤 있다. 때로는 단순한 놀이나 취미에 불과한 것을 좋아하는 것이라 착각하기도 한다.

좋아하는 것과 잘하는 것은 다른 차원이다. 의사 결정을 잘하는지, 창의력이 있는지, 판단력이 있는지, 종합적으로 보는 눈이 있는지, 통찰력이 있는지, 균형 감각이 있는지, 착한 사람인지, 인내심이 있는지, 독선이 심한지, 편견이 있는지, 감성적인지, 이성적인지, 어떤 욕망을 가지고 있는지, 무엇에서 가치와 의미를 찾는지 등은 결코 쉽게 알 수 없다.

※

나의 대학 평점은 2.6이었다. 1학년 2학기를 마치고 겨울 방학이 시작되면서부터 동기들은 너도나도 고시 공부에 돌입했다. 처음에는 나도 그들처럼 도서관에서 행정고시를 준비했다. 그런데 시간이 지날수록 의문이 생겼다. '나의 삶에서 행정고시가 차지하는 비중은 얼마나 되며 어떤 가치와 의미가 있을까?' 이 의문과 함께 나는 처음으로 나의 강점과 약점에 대해 생각했다.

일단 나는 암기 과목을 유난히 싫어했다. 하지만 행정고시를 잘 치르려면 무엇보다 암기를 많이 해야 했다. 그러니 암기는 나의 약점인 셈이었다. 반면에 나의 강점은 수학이었다. 고교 시절 낮은 성적에도 불구하고 고려대학교에 합격할 수 있었던 건 그나마 3학년 2학기 때 수학을 집중적으로 공부한 덕분이었다. 하지만 행정고시 준비는 수학과는 거리가 멀었다. 한마디로 행정고시란 나의 강점을 살려주지 않으며 오히려 나의 약점 때문에 불리할 수밖에 없는 시험이라는 생각이 들었다. 결국 나는 6개월간의 공부를 뒤로한 채 미련 없이 행정고시를 포기했다. 이후 나는 학문의 길을 택했고 결과적으로 그것은 나의 강점과 약점을 모두 고려해볼 때 매우 현명한 전략이었다.

전략을 세울 때는 단순히 좋아하는 것, 잘하는 것 이외에도 여러 가지 요인들을 고려해야 한다. 그 요인들을 대략 정리하면 좋아하는 것, 강점, 약점 등 세 가지로 분류할 수 있다. 물론 이 세 가지 이외에 세상의 흐름을 비롯한 기타 요인들도 고려해야 한다.

강점에는 단지 잘하는 것뿐만 아니라 자신에게 유리한 모든 요소들을 포함시켜야 한다. 예를 들어 집안의 재력이나 부모의 인맥까지도 자신의 강점이 될 수 있다. 부모의 능력이 자신의 강점이 될 수 있는가 하고 반문할 수도 있겠지만, 엄밀히 말하면 자기를 둘러싼 유리한 환경도 모두 강점이 된다. 마찬가지로 약점 역시 자기가 못하는 것, 모자란 것뿐만 아니라 자신이 처한 불리한 환경까지 모두 포함해야 한다. 위에서 집안의 재력이 강점이었다면 반대로 가난한 환경은 약점이다. 내가 특별히 조심해야 할 사항들도 약점이며 항상 보완하고 대비해야 할 문제들도 약점이다.

2008년 경제 위기로 예산이 삭감되어 미국 대학원 선발 인원이 줄어든 적이 있었다. 갑작스런 경제 위기로 취업이 되지 않자 미국 학생들의 대학원 진학률이 높아졌고, 그 결과 한국 학생들은 입학 허가서를 받기가 어려워졌다. 그때 입학 허가서를 받지 못한 어느 학생은 좌절한 나머지 국내 대학원 진학이나 취업을 고려하기 시작했다. 나는 그 학생을 불러 앉혀놓고 말했다.

"입학이 1년 연기된 것이라 생각하고 한 번 더 지원해보는 게 어때? 어차피 이젠 100세 시대니까 1년 더 살면 되잖아."

그 학생은 다행히 용기를 내 다시 지원했고 결국 원하던 대학원에 진학할 수 있었다. 전략을 세우거나 실행할 때 작은 실패를 전체의 실패처럼 심각하게 부풀려 좌절해서는 안 된다. 난관이나 위기라고 느낄수록 자신이 좋아하는 것, 강점, 약점과 더불어 세상의 흐름을 더 잘 알아야 한다. 지금 우리에게 필요한 건 올바른 비전과 전략을 세워 현실의 한계를 극복하는 지혜이다.

결혼은 사랑만으로
결정해도 될 만큼 낭만적이지 않다

"엄마, 나 결혼하기 싫어."
"넌 어떻게 된 애가 친구들만 만나고 오면 그러냐?"
"결혼한 지 오래된 친구들은 다들 나만 부러워해. 그리고 절대로 결혼하지 말래."
"꼭 결혼한 것들이 그런 말을 하더라."

좋아하고 잘하는 것만을 기준으로 전공과 직업을 선택할 수 있다면 행운이듯이, 사랑만으로 결혼해서 잘 살 수 있다면 그야말로 축복이요 행운일 것이다. 결혼은 사랑 이외에도 수많은 요인과 조건들을 고려해서 종합적으로 결정해야 하기 때문이다. 그러니 사랑만 보고 결혼해서 잘 살고 있다고 섣불리 자랑하지 말자. 세상에는 사랑하는 사람과 결혼하고 싶어도 어쩔 수 없이 포기해야만 하는 슬픈 상황이 너무나도 많다.

결혼은 인생의 전략이므로 비전과 연계해 중요한 관련 요인과 조건들을 모두 고려해서 결정해야 한다. 솔직히 결혼이 아닌 연애라면 사랑 하나만으로 결정해도 상관없다. 인생에서 가장 기쁘고 아름다운 경험인 사랑은 상대가 주는 즐거움과 상대에게 끌리는 마음만을 기준으로 선택해도 별 문제가 없다. 요즘은 사랑도 타산적으로 하는 경향이 있지만 사랑마저 인생 전략의 일부분이 되어버린다면 너무 삭막하지 않은가? 많은 사람들이 젊은 시절 아름다운 사랑과 그 추억의 힘으로 평생의 시련을 견디기도 하니 말이다. 사랑할 땐 사랑에 충실해야 한다.

그러나 결혼은 다르다. 전공과 직업을 선택할 때처럼 결혼 역시 행복, 가치, 의미, 자신이 좋아하는 이성의 타입, 자신의 강점과 약점, 세상의 흐름, 인간과 결혼에 대한 과학적 지식, 가치관, 사랑하는지의 여부 등 중요한 관련 요인과 조건들을 종합적으로 고려해야 한다. 물론 결혼이라는 의사 결정에 과연 과학적 지식까지 필요한 건지 의아해할 수도 있다.

인간은 호르몬과 신경 회로의 영향에서 벗어나 초인이 되거나 기적을 행할 수 없다. 인간에 대한 과학적 연구는 우리로 하여금 잘못된 상식과 편견에서 벗어나도록 해준다. 예를 들어 여자가 좋아해서 한 결혼보다 남자가 좋아해서 한 결혼이 더 원만하다는 연구 결과를 알게 되었다면 그 정보가 결혼에 대한 의사 결정에 영향을 줄 수도 있다.

결혼을 선택할 때 고려해야 하는 그 모든 요인과 조건들은 서로 모순적이거나 충돌하므로 결국은 가치관에 의해 우선순위를 정할 수밖에 없다. 사랑을 최우선에 둘 것인가, 아니면 돈이나 외모 혹은 배우자의 배경을 볼 것인가? 결국 이렇게 가치관의 문제가 개입되지 않을 수 없다. 이때 가치관은 자신의 철학적 성찰에서 나와야 하며 상식이나 타인의 의견에 좌우되어서는 안 된다.

흔히 결혼은 해도 후회, 안 해도 후회라는 말이 있지만 사실 이 말은 별로 도움이 되지 않는다. 뭐든지 해보고 하는 후회가 낫다는 삶의 교훈도 절대 불변의 원칙은 아니다. 이 교훈이 사랑에는 적용될 수 있을지 몰라도 결혼에는 적용되지 않는다. 사랑은 설령 후회하더라도 해보는 게 나을 수 있지만 결혼은 그렇지 않다. 결혼에 적용되는 법적 규율과 사회적 제약으로 인해 치러야 하는 시행착오의 대가가 너무 크기 때문이다. 그럼에도 불구하고 사랑이 전부라고 여기는 사람들은 여전히 결혼이라는 의사 결정을 아주 단순하게 생각한다.

"사랑하면 그 사람과 결혼하고 그런 사람을 못 만나면 혼자 살죠, 뭐."

정말 그럴 자신이 있을까? 요즘은 남자가 돈이 없으면 아무리 사랑하는 여자가 있다 하더라도 결혼하기 쉽지 않다. 여자의 경우 경제적으로 자립할 자신이 없으면 설령 사랑하는 사람이 없다 하더라도 결혼을 고려하게 된다. 요즘 젊은이들은 이것을 취직과 시집(결혼)이 결합했다고 해서 '취집'이라고 부른다. 사랑이라는 단 하나의 조건만으로 결정하겠다는 심정은 충분히 이해하지만 뜻대로 할 수 없는 것이 바로 현실이다.

2011년 일본 동북부 대지진으로 마을이 폐허가 되고 많은 주민들이 사망하자 그동안 독신만을 고집하던 여자들이 결혼을 서두르는 현상이 나타났다고 한다. 이 사례는 결혼에 대한 사람들의 의사 결정이 총체적으로 이루어지기보다는 단편적이고 즉흥적으로 이루어지기 쉽다는 사실을 보여준다. 혼자 살면 위기의 순간도 혼자 헤쳐 나가야만 한다는 사실을 진지하게 고민하지 않다가 난민이 되자 비로소 그 문제를 직시하게 된 것이다.

정말 좋은 사람을 만나도 결혼하지 않겠다는 독신주의자를 나는 아직 본 적이 없다. 독신주의자들과 대화를 나눠보면 거의 모두 '정말로 좋은 상대를 만나면 결혼하겠다'고 슬그머니 감춰둔 생각을 토로하곤 한다. 결국 결혼을 하지 않겠다는 의사 결정의 대부분은 '좋은 사람이 나타나면 결혼하고 나타나지 않으면 결혼 못하는 상태'인 것이다.

사실 대다수의 젊은이들은 직장 생활로 바쁜 나날을 보내다 갑작스럽게 결혼 적령기를 맞거나 훌쩍 넘기게 된다. 그리고 그제야 결혼에 대해 진지하게 고민해본 적이 한 번도 없다는 사실을 깨닫는다. 소극적인 사람은 그저 '어디 좋은 사람 없나?' 하는 마음만 가지고 있거나 누군가에게 소개해달라고 부탁하는 정도에 그칠 뿐이다. 그러다 좋은 사람을 소개받으면 만나기도 하지만 여전히 따로 시간을 내서 결혼이라는 의사 결정을 총체적으로 고민하지는 않는다. 아무리 똑똑한 젊은이들이라도 이 문제에 있어서만큼은 매우 단편적이고 시야가 좁다. 그렇다고 죽자 살자 사랑에 매달리는 것도 아니다.

스스로 독신주의를 자처하는 사람이건 막연히 결혼을 염두에 두고 있는 사람이건 우리 모두가 결혼에 대해서 진지한 성찰을 해야 할 때가 반드시 온다. 그게 지금 이 순간일지도 모른다. 먼저 자기 자신을 있는 그대로 보고 세상의 흐름도 알아야 한다. 그래야 내가 좋아하는 이성의 타입, 이성이 생각하는 나의 강점과 약점을 제대로 파악할 수 있지 않을까? 결혼을 고려할 때 행복, 가치, 의미에 대한 철학적 성찰을 하지 않는다면 언제 또 하겠는가!

사랑은 상대에 대한 확신이 없어도 가능하지만 결혼은 확신 속에서 해야 한다. 상대가 최고의 배우자라야만 확신이 생기는 건 아니다. 단편적이고 즉흥적으로 결혼을 선택한 뒤에야 생기는 확신은 사실 확신이 아니라 미신일지도 모른다. '돈이면 다 되지', '예쁘면 최고지', '학벌 좋고 직업 좋으면 됐지'라는 생각은 모두 미신이다. 결혼에 대해서 총체적으로 의사 결정을 한 뒤에 확신이 선다면 그것이야말로 현명한 확신이고 믿음이다. 확신은 상대방에게서 나오는 것이 아니라 결혼에 대한 의사 결정의 수준에서 나오는 법이니 말이다.

제대로 된
인생 설계를 위한 필요충분조건

"제가 좋아하는 것과 저의 강점과 약점을 어느 정도 파악했어요. 솔직히 전에는 이런 게 과연 무슨 소용이 있을까 싶었는데, 막상 해보니까 굉장히 도움이 되는 것 같아요."

"그럼 이제부터 시작이네."

"시작이요? 뭐가 또 남았나요?"

"지금까지는 준비 운동을 했다고 생각해야 해. 물론 그것만으로도 의미 있는 과정이긴 하지만 전략을 세우려면 고려해야 할 것들이 아직 많거든."

전략을 세울 때 고려해야 할 세 가지 요인들, 즉 '자기가 좋아하는 것'과 '자신의 강점과 약점'을 모두 파악했다면 이제 전략을 구체적으로 다듬어야 한다. 이때 절대로 잊지 말아야 할 것은 인생의 밑그림에 따라 전략을 세워야 한다는 점이다. 또한 전략을 결정할 때는 세상의 흐름을 염두에 두어야 한다. 삶은 세상 속에서 이루어진다. 세상의 흐름과 동떨어지거나 있는 그대로 보지 않은 채 전략을 세울 수는 없다.

세상의 흐름과 자기 자신을 있는 그대로 보는 것은 전략 결정의 세 가지 고려 요인에 그대로 반영된다. 여기서 세상의 흐름이 자신에게 유리하면 강점이 되는 것이고 불리하게 흐르면 약점이 되는 것이다. 전략을 세울 때 현실이 왜 이 모양이냐며 분노하거나 한탄하는 건 그리 도움이 되지 않는다. 중요한 것은 세상의 흐름을 있는 그대로 직시한 다음, 그 흐름 위에서 자신의 약점을 유리하게 만들고 강점을 더욱 키울 수 있는 방법을 생각하는 것이다.

　미국 버클리 대학에서 경영학 박사 학위를 마칠 즈음 나는 중대한 결정의 기로에 서 있었다. 한국 명문 대학의 교수가 될 수 있는 기회가 생긴 것이다. 하지만 나는 먼저 미국에서 교수 생활을 하기로 결심했다. 미국 박사 학위만으로는 아직 나만의 역량을 보여주기엔 부족하고 오히려 미국 대학에서의 교수 경력이 미래에 더 중요한 역할을 할 것이라는 확신 때문이었다. 이것은 나의 약점을 고려한 결정이기도 했다.

　당시 한국 학계에는 서울대 출신이 압도적으로 많았다. 버클리 대학에서 공부할 때도 약 100명쯤 되는 한국 유학생들 가운데 고려대학교 출신은 나를 포함해 단 세 명에 불과했다. 비록 미국에서 박사 학위를 받긴 했지만 비서울대 출신이라는 결코 무시할 수 없는 나의 약점을 고려한 결과 미국의 좋은 대학에서 교수를 할 정도는 되어야 한국 학계에서 인정받을 수 있다고 생각한 것이다. 학자는 좋은 논문을 쓰면 되지 않느냐고 말할지 모르지만 그 당시 한국 학계의 현실은 그렇지 않았다.

　전공과 직업을 선택할 때는 먼저 가능한 한 모든 대안을 나열하는 것이 좋다. 어떤 사람은 가치관에 의해 특정 전공이나 직업을 대안에서 배제할 수도 있다. 또 다른 사람은 종교적 신념에 의해 목사라는 특정 직업을 선택할 수도 있다. 이외에도 자신의 경험, 지식, 정보에 의해 혹은 가풍에 의해 특정 직업을 제외할 수도 있다. 가장 바람직한 것은 전략 결정의 세 가지 고려 요인과 가치관, 신념, 지식, 정보, 경험 그리고 세상의 흐름을 모두 참고해 총체적으로 결정하는 방법이다.

| 전략 결정의 구체적 방법 |

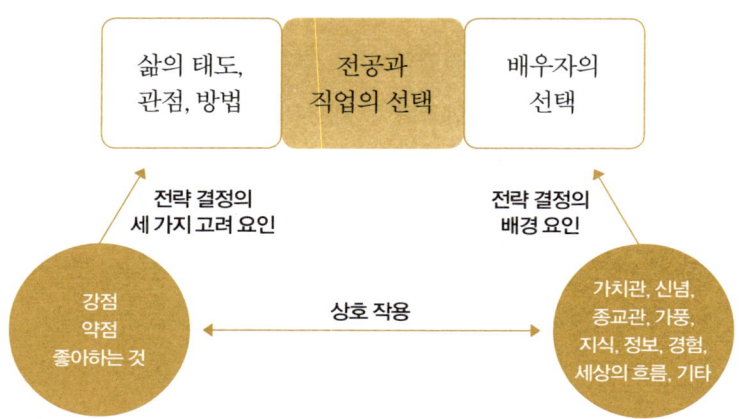

사람들은 무슨 일을 하든지 절차부터 생각한다. 해야 할 일의 과정과 단계를 합리적으로 계획해야만 낭비와 시행착오를 최대한 줄일 수 있기 때문이다. 인생을 설계할 때도 이런 방법을 적용할 수 있다.

'먼저 자기와 세상을 올바르게 파악하고, 그 다음 인생의 밑그림을 그린 뒤 전략을 세워 실행에 옮긴다.'

하지만 인생 설계는 실상 이렇게 논리적인 순서로 진행되지 않을 뿐만 아니라 각 단계가 명확히 구분되지도 않는다. 세상과 인간은 합리적이지 않기 때문에 비전과 전략을 수립할 때도 너무 합리성을 추구하면 오히려 잘못될 가능성이 크다. 오히려 직관이나 경험, 때로는 행운이라는 요소에 맡겨야 할 때도 있다.

사실 인생 설계란 수많은 자료와 경험 등 온갖 정보들을 한데 넣어 '비전과 전략'이라는 비빔밥을 만들어내는 행위와 같다. 비빔밥에서 모든 재료들이 섞이고 나면 그 재료들의 개별적인 맛과 형태, 특징이 변하듯이 인생 설계에 필요한 요소들도 마찬가지로 서로 얽혀 있어 중첩되며 상호 의존적이다. 자신과 세상에 대한 이해, 행복을 얻는 방법, 가치와 의미를 찾는 방법, 강점과 약점, 전공, 직업, 사랑과 결혼 등은 명확하게 구분할 수 있는 독자적 개념이 아니며 따라서 그 순서도 큰 의미가 없다. 실제로 비전과 전략을 세우다 보면 비전에서 전략이 나오고 전략을 통해 비전을 수정할 수도 있다. 또는 전략을 설정하면서 자신의 약점을 추가로 발견할 수도 있고 세상의 흐름에 대한 자신의 견해를 수정할 수도 있다.

아울러 인생 설계라는 비빔밥을 만들어가는 과정에서 인생의 참맛을 내기 위한 두 가지 양념도 잊지 말아야 한다.

첫째는 지혜, 자유, 평온이라는 양념이다.

어떤 전공, 어떤 직업을 선택하더라도 우리는 거기서 지혜, 자유, 평온을 얻을 수 있어야 한다. 좋은 의사나 훌륭한 판검사가 되고자 하는 것만으로는 부족하다. 지혜, 자유, 평온을 얻은 의사, 판검사가 되어야 진정한 행복을 누릴 수 있다. 봉사하고 헌신하는 삶을 살겠다는 비전을 세웠을 때도 마찬가지다. 그 일에서 지혜, 자유, 평온을 얻지 못한다면 아무리 고귀한 비전이라도 '내게 맞지 않는 옷'일 뿐이다. 자신은 결코 행복하지 않으면서 굳이 봉사하고 헌신하겠다는 사람이 과연 남에게 얼마나 도움을 줄 수 있을까?

둘째는 가치와 의미라는 양념이다.

아무리 훌륭한 일이라도 그 일에서 가치와 의미를 찾지 못하면 결코 행복해질 수 없다. 남에게 봉사하며 사는 사람이 막상 봉사에서 가치와 의미를 찾지 못하면 아무 소용이 없는 것이다. 누구나 부러워하는 최고의 직장에 다닌다 할지라도 거기서 가치와 의미를 찾지 못하면 무용지물일 뿐이다.

이 두 가지 양념은 인생의 최종 목표인 '행복'과 관련이 있으며 인생 설계의 맛을 내는 역할을 한다. 좋은 직장을 얻거나 돈을 많이 벌어도 '지혜, 자유, 평온'과 '가치, 의미'가 빠지면 삶은 무미건조해질 수밖에 없다. 자신에게 맞지 않는 비전과 전략에 집착하다 실패하지 말고 수정이 필요할 때는 과감히 수정하며 필요할 때는 과거의 비전과 전략을 역시 과감하게 버려야 한다는 뜻이다.

왜냐하면 인생 설계는 '인간'과 '세상'이라는 변화무쌍한 유기체를 대상으로 하기 때문이다. 실제의 삶 속에서는 입력값과 출력값이 일치하지 않는 경우가 많다. 변호사로 활약하다가 몇몇 사건에서 영감을 얻어 소설을 발표한 뒤 작가로 살아가는 경우도 있고, 시를 쓰다가 환경운동가로 변신하는 경우도 얼마든지 있다. 인생은 결코 정해진 순서나 매뉴얼대로 진행되지 않는다.

인생은 오지 탐험과 같다. 암벽 등반을 준비했는데 느닷없이 강물을 만날 수도 있고, 들판을 지나가다가 갑자기 빽빽한 밀림을 만날 수도 있다. 모든 상황과 환경이 준비한 대로 차례차례 다가오지 않기 때문에 합리적 절차란 있을 수 없다. 결국 인생은 세상 속으로 뛰어들어 함께 변화하고 적응하며 실시간으로 설계해 나가야 한다. 이 과정에서 당연히 시행착오가 생길 수밖에 없다. 하지만 그것은 실패가 아니라 인생 설계에 따른 필요비용이다. 인생은 이렇듯 수많은 파도를 헤치면서 자연스럽게 가야 한다.

❋

박군은 또래의 많은 젊은이들처럼 졸업 이후의 진로에 대해 고민하고 있었다. 그는 나를 찾아와 자기가 뭘 좋아하고, 뭘 잘하는지 모르겠다며 솔직히 고백했다.

"그러지 말고 우리 비전에 대한 얘기부터 먼저 나눠보는 게 어때?"

나는 박군에게 몇 가지 질문을 하면서 대화의 영역을 넓혀갔다. 그리고 권력, 명예, 잠재력의 발휘, 안락, 쾌락, 편안함, 봉사, 참된 나의 발견, 행복한 가정, 깨달음의 길 등 여러 가지를 예로 들며 이들 중 가치와 의미를 찾을 수 있는 항목부터 나열해보라고 했다.

"항목을 하나하나 상상해서 비교해봐. 생생하게 상상할수록 좋아."

이런 과정을 거치는 동안 나는 박군에 대해 좀 더 많은 것을 알게 되었다. 물론 박군 본인에게도 자기 자신을 객관적으로 볼 수 있는 기회였다.

그의 아버지는 사업가였다. 그런데 의외로 박군은 돈에 전혀 관심이 없었다. 나는 혹시 그가 권력을 행사하는 것에서 가치와 의미를 찾는 타입이 아닐까 하는 생각이 들었다. 하지만 좀 더 이야기를 나눈 끝에 나는 박군이 무엇보다 명예를 가장 소중하게 생각한다는 걸 발견했고 본인도 내 의견에 동의했다.

"네, 맞아요. 저는 돈보다는 인정받고 존경받는 게 더 의미 있다고 생각합니다."

그래서 사람들에게 존경받는 상상을 할 때 가장 큰 기쁨을 느낀다고 말했다. 나는 박군의 솔직함이 마음에 들었다.

인생의 밑그림을 그릴 때 중요한 것 중 하나가 바로 상상력이다. 만일 자신이 권력으로부터 가치와 의미를 찾는지 알아보기 위해서는 권력을 가진 뒤의 구체적인 상황을 상상해보면 된다. 예를 들어 기업의 CEO나 장관, 국회의원이 되는 모습을 상상하는 것이다. 구체적인 상황을 상상하다 보면 자기가 무엇으로부터 가치와 의미를 찾는 사람인지에 대해 더 많은 정보를 얻을 수 있다.

박군과 나는 일단 명예로운 삶이라는 비전을 놓고 집중적으로 대화를 나누었다. 그에게는 요즘 젊은이들에게서 찾아보기 매우 드문 정의감과 투철한 신념이 있었으며 해박한 철학 지식과 풍부한 IT 관련 경험도 있었다. 그 다음 우리는 전략의 가장 중요한 세 가지 내용, 즉 삶의 태도, 전공과 직업, 결혼에 대해서 대화를 이어갔다. 삶에 대한 그의 태도는 더 이상 대화할 필요가 없을 정도로 확고했다.

"저는 올바른 방법으로 세상을 살아가야 한다고 믿습니다."

그는 부모들이 흔히 '내 자식이지만 참 별나다'라고 말하는 것처럼 뚜렷한 정의관을 가지고 있었다. 요즘 세상에 뭐 이런 젊은이가 다 있나 싶을 만큼 올곧은 태도가 한편으로는 걱정이 되면서도 또 저러다 나중에 바뀌지는 않을까 하는 생각도 들었다.

그 뒤 박군은 한동안 나를 찾아오는 일이 뜸했다. 나는 그가 인생의 가장 중요한 선택 앞에서 많은 사색을 하고 있다는 걸 알고 있었다. 한편으론 비전을 세우고 그에 따른 전략적 고민을 충실히 해 나가는 태도가 몹시 대견하기도 했다. 박군이 다시 나를 찾은 건 몇 주 뒤였다.

"정치를 공부할 생각입니다."

처음부터 정치를 하기보다는 우선 심도 있는 공부를 통해 지식과 실행력을 갖춘 인재가 되고, 그런 다음에 구체적으로 정치를 하겠다는 계획이었다.

"우선 학부를 졸업하고 대학원에 진학한 다음 박사 학위를 받을 생각입니다."

그리고 그는 교수를 하면서 정치가로 변신하겠다는 꿈에 대해서도 이야기했다.

"글쎄, 교수가 된 다음에 정치가로 변신하는 길은 생각보다 어려울 텐데."

나는 그 전략에 의문을 던졌지만 박군은 교수직을 선호하는 아버지의 영향을 받은 것 같았다. 어차피 비전과 전략은 평생 고정될 필요도 없고, 또 그럴 수도 없기 때문에 언제든지 수정할 기회가 있을 것이다. 그래서 나는 더 이상 문제를 제기하지 않았다.

사실 그동안 우리가 나눈 대화는 단지 첫걸음에 불과했다. 인생이란 비전과 전략을 수없이 생각하고 고치면서 나아가는 과정이다. 아마도 그는 일주일 뒤에 다시 나타나 자기의 비전과 전략에 대해 또 다른 이야기를 할지도 모른다. 설사 그가 자기의 비전과 전략에 대해 만족한다고 할지라도 몇 년 동안 그것을 하나도 고치지 않고 그냥 둔다면 오히려 어리석은 것일 수 있다. 어쩌면 그는 10년 뒤 명예가 아닌 전혀 다른 것으로부터 가치와 의미를 찾으려 할 수도 있고, 정치가가 아닌 다른 직업을 선택할 수도 있다. 그에 따라 그가 선택하는 배우자의 이상형도 얼마든지 달라질 수 있을 것이다. 혹은 그의 삶을 송두리째 뒤흔들 여자를 운명적으로 만나 비전부터 직업까지 모든 것을 싹 다 바꿀 수도 있다. 세상과 미래는 불확실하지만 비전과 전략이 있는 한 수정하면서 개척할 수 있기에 우리는 안심하며 살아갈 수 있다.

다시는
쓰러지지
않기 위하여

· 3 ·

하루의 10분의 1,
삶을 바꾸는 마법의 시간

"요즘은 너무 바빠서 생각할 시간조차 없어요."
"하루의 10분의 1만 삶을 성찰하는 시간으로 쓴다면 인생이 달라질 거야."
"10분의 1씩이나요?"
"쓸데없이 낭비하는 시간을 모두 합치면 10분의 1은 훨씬 넘을 걸? 일단 전철 기다리는 시간, 버스에 앉아 있는 시간만이라도 삶에 대해 생각해봐."

나는 고등학교와 대학 시절에 숱한 방황을 거듭했다. 그러다 군대에 입대해 서해안 부대에 배치되면서부터 비로소 미래에 대해 진지하게 고민하기 시작했다. 제대 후 4학년으로 복학해 곧 사회생활을 시작해야 했기에 결국 군대 시절이 인생에 대해 고민할 수 있는 마지막 시간이었던 셈이다.

나는 지나온 시절들을 진지하게 되돌아보았다. 그리고 '무엇을 할 것인가?'에 대해 생각했다. 서해 바다는 그런 성찰을 하기 위한 최적의 장소였다. 물이 빠지면 그제야 드러나는 갯벌은 나의 삶처럼 적나라했다. 있는 그대로의 나를 본다는 건 고통스러운 일이었다. 다시 물이 들어오면 갯벌은 순식간에 사라졌다. 나는 물이 빠져나간 동안만이라도 냉정한 시선으로 나 자신을 돌아보기로 했다. 시간이 갈수록 '나와의 만남'도 점점 자연스러워졌다.

나는 서해안에서의 꽤 많은 시간을 미래에 대한 성찰로 채웠다. 이제 방황을 멈추고 무언가 해야 한다는 압박감으로 인해 성찰의 시간은 그 어느 때보다 처절했다. 그때는 비전이나 전략이라는 체계적 사고를 몰랐기 때문에 생각이 들쭉날쭉했지만 시간이 지날수록 점점 정리되는 것을 느낄 수 있었다. 군 복무를 마치고 복학했을 때 나의 가슴과 머릿속에는 가야 할 길이 뚜렷하게 그려져 있었다. 아마 서해안에서의 그 시간이 없었다면 졸업 후에도 뚜렷한 인생의 목표 없이 그저 기계적으로 직장을 구했을 것이다. 지금 생각해보면 아슬아슬한 순간이었다. 그 시절 바닷가에서 설계했던 미래 계획은 이후 수십 년 동안 끊임없이 수정되었지만 큰 틀은 변하지 않았다.

마이크로소프트의 빌 게이츠 의장은 1년에 두 번씩 미국 서북부의 조용한 별장에서 2주가량 은둔한다. 이 기간 동안 그는 외부와의 접촉을 일절 끊고 오로지 생각에만 몰두한다. 그의 이런 습관은 오늘날 '생각 주간(Think Week)'이란 용어로 잘 알려져 있다. 물론 이런 용어가 나오기 전에도 '생각하는 시간'의 중요성은 늘 강조되었다. 소프트뱅크의 손정의 회장은 하루에 10분은 반드시 생각에 몰입한다고 했고, 버크셔

해서웨이의 워런 버핏 회장은 '1년에 일하는 시간은 2주, 생각하는 시간은 50주'라고 말하기도 했다.

날마다 새로운 정보가 쏟아져 나오고 그에 따라 정책이 변하며 시장 환경이 달라진다. 세상의 변화는 곧 자신의 비전과 전략에도 영향을 미치기 마련이다. 그런데도 우리는 어지간해서는 업데이트를 하지 않은 채 그냥 살아간다.

'지금 내가 제대로 가고 있는 것일까?'

자신이 바라는 삶을 살고 싶다면 하루의 활동 시간 중 최소한 10분의 1을 자신의 비전과 전략 수정에 할애해야 한다. 삶의 전반적인 내용과 직장 생활, 인간관계 등의 진행 상황을 근본적으로 재검토하고 끊임없이 수정 및 보완해야 한다.

"하루의 10분의 1씩이나요?"

하루 활동 시간의 10분의 1은 60분, 겨우 한 시간 정도지만 사람들은 너무 많다고 생각한다. 과연 그럴까? 인류 역사상 그 어느 때보다 '스마트'한 문명의 이기들을 사용하고 있으면서도 정작 우리는 삶에 대한 성찰을 잃어버린 세대이다. 누구나 수많은 생각을 하지만 이는 대부분 쓸데없는 잡념일 뿐 체계적이고 종합적인 사고라고는 할 수 없다. 전철이나 버스 안에서도, 병원이나 관공서에서 차례를 기다릴 때도 우리는 마냥 시간을 낭비한다. 강의 시간 사이사이의 자투리 시간도 그냥 버려진다. 이렇게 버려지는 자투리 시간들을 모두 합하면 60분, 그 이상일 것이다.

하루의 10분의 1을 성찰의 시간으로 사용하라는 말은 생각하는 시간을 따로 마련하라는 뜻이 아니다. 알게 모르게 낭비하는 자투리 시간을 잡생각 대신 삶에 대한 성찰로 채우라는 의미다.

누구나 똑같이 하루 24시간을 살지만 사실 시간은 똑같이 흐르지 않는다. 잡념으로 시간을 낭비하는 것과 적극적으로 삶을 성찰하는 것은 엄연히 다르기 때문이다. 하나의 주제에 집중하고 있을 때와 쓸데없는 생각에 잠겨서 떠돌 때 시간의 밀도는 각각 달라질 수밖에 없다. 집중과 몰입으로 채운 시간 동안 우리는 명상과 같은 효과를 체험할 수 있다. 사실 잡념의 상당 부분은 미래에 대한 것이 많다. 이때 걱정이나 불안으로 시간을 허비하기보다 체계적이고 적극적인 미래 성찰, 즉 비전과 전략에 집중하는 것이 좋다.

"아무리 집중하려고 해도 자꾸만 쓸데없는 생각들이 생겨나는데 어떡합니까?"

물론 끝없이 떠오르는 잡념들을 의식적으로 멈출 수 있을 만큼 정신세계가 일정한 경지에 도달한 사람은 거의 없다. 하지만 잡념을 유익한 생각으로 대체할 수는 있다. 하루 종일 잡념에 휘둘리는 것보다 비전과 전략에 대해 체계적으로 고민하는 것이 훨씬 더 좋지 않겠는가. 게임할 때 집중하는 노력의 절반만이라도 삶을 성찰하는 데 사용해보라.

안타깝게도 대부분의 사람들에게 성찰이란 피곤하고 지루하며 비현실적인 이야기에 지나지 않는다. '너는 할 수 있다. 간절히 소망하면 우주가 화답한다'고 속삭이는 공허한 성공학이나 '실패를 두려워하지 말라. 실패에서 많은 것을 배울 수 있다'는 위로에만 솔깃할 뿐이다. 그런 이야기들이 당장은 달콤할지 몰라도 삶을 바꾸지는 못한다. 더구나 인생의 밑그림이 없는 상태에서 그런 이야기들은 우리를 로맨틱한 방랑자로 만들 뿐이다. 방랑자란 미래를 향해 가는 사람이 아니라 지금 당장 좋은 것만 찾아서 우왕좌왕하다가 결국 길을 잃어버리는 사람을 말한다. 방랑자는 산만하고 중심이 없는 삶을 살기 때문에 아주 작은 일에도 흔들릴 수밖에 없다.

단 1분조차 집중하기 어려운 현대인들에게 하루의 10분의 1을 삶에 대한 성찰로 채우라고 하면 몹시 난감해할 것이다. 하지만 사람들을 직접 만나 이야기를 나눠보면 그런 성찰의 욕구가 얼마나 많이 잠재되어 있는지 확인할 수 있다. 실제로 자신이 무엇으로부터 가치와 의미를 찾을 수 있고, 무엇을 좋아하고 잘하며, 결과적으로 어떤 전공과 직업을 선택해야 하는가에 대해서 대화를 나눠보면 두 시간이고 세 시간이고 전혀 지루해하지 않는다. 이런 종류의 대화에 그동안 얼마나 목말라 있었는지 그저 놀랄 따름이다. 대화를 나눌 수 있는 좋은 상대가 없다면 혼자서라도 삶에 대해 성찰해보라. 당신의 경쟁력은 바로 그 성찰의 시간에서 나올 것이다.

비전과 전략, 삶, 직장 생활, 인간관계, 사랑, 결혼 등에 대해 매일 일정 시간 동안 습관적으로 성찰하면 그 시간이 얼마나 즐거운지 깨달을 수 있다. 그 시간은 결코 피곤하지 않다. 그 마법의 시간 속에는 지혜, 자유, 평온을 얻는 길이 있다. 그 시간은 행복을 어떻게 찾아야 하는가를 모색하고 무엇으로부터 가치와 의미를 찾아야 하는가를 고민하는 시간이다. 또한 자기가 좋아하는 것을 파악하는 시간이며 자신의 강점과 약점을 정면으로 들여다보는 시간이기도 하다.

나는 매일 변한다. 나의 강점과 약점도 매일 변한다. 세상은 변한다. 따라서 나의 강점과 약점도 변한다. 바로 그 변화 속으로 희망이 비집고 들어온다.

비전과 전략은
글로 써봐야 한다

"비전과 전략에 대해 꽤 많이 생각하는 편인데 늘 머릿속에서만 맴도는 느낌이에요."
"그럼 글로 써보는 건 어때?"
"그래도 마찬가지 아닐까요?"
"생각은 머리로만 하는 게 아니야. 머릿속에서만 맴도는 것과 글로 표현하는 것에는 큰 차이가 있어. 일단 한번 써보면 알 거야. 글로 쓰면 생각이 체계적으로 정리될 뿐만 아니라 때론 전혀 다른 내용으로 발전하기도 하거든."

비전과 전략을 생각하는 것만으로도 삶에 대한 자세는 달라질 수 있다. 하지만 현실 속에서 보다 확실하고 구체적인 변화를 이끌어내려면 자신의 비전과 전략을 글로 써봐야 한다. 이것은 기억과 자극이라는 측면에서 매우 중요하다. 비전과 전략이라는 방대한 데이터를 그저 머릿속에서만 점검할 경우 처음 수립한 내용을 모두 기억하기란 쉽지 않다. 예를 들어 우리는 자신의 강점과 약점을 항상 잘 기억할 것 같지만, 막상 써놓고 보면 모든 것을 다 기억하지 못하고 있다는 사실을 알 수 있다.

비전과 전략을 세우기 위해서는 나와 세상의 흐름을 있는 그대로 볼 수 있어야 한다. 이것은 곧 나와 세상의 흐름에 대해 새로운 지식과 정보를 얻는다는 뜻이다. 이렇게 얻은 지식과 정보는 그때그때 글로 정리한 다음 주기적으로 고쳐 나가야 한다. 단, 너무 완벽하게 정리하려는 생각은 버리는 게 좋다. 자신과 세상의 흐름을 파악하는 일에 지나칠 정도로 집착하면 비전을 설정할 시간이 평생 오지 않는다. 비전을 설정할 때는 '행복'과 '가치와 의미'라는 두 가지 내용을 목차로 정한다.

"나는 어떻게 행복을 얻을 수 있을까?"
"나는 무엇으로부터 가치와 의미를 찾을 수 있을까?"

그 다음 두 개의 목차 아래 세부 내용을 적는다. 물론 처음엔 단 한 줄조차 적지 못할 수도 있다. 모르는 것은 빈칸으로 남기면 된다. 언젠가는 이 빈칸들이 가득 채워질 테니 말이다.

비전을 수립한 뒤에는 전략을 세워야 하는데, 이때 전략 결정의 세 가지 고려 요인과 기타 중요한 요인을 파악해야 한다.

첫째, 나는 무엇을 좋아하는가?
둘째, 나의 강점은 무엇인가?
셋째, 나의 약점은 무엇인가?

이 각각의 고려 요인에 대해서는 최대한 솔직하게 있는 그대로 적어야 한다. 이때 나의 강점에는 외부 환경이 나에게 주는 유리한 기회까지 포함한다. 나의 약점에도 역시 외부 환경이 나에게 미치는 불리한 위험 요소까지를 모두 포함한다. 나의 강점이나 좋아하는 것을 적는 일은 꽤 즐거운 작업이지만, 나의 약점을 적는 일은 그다지 달갑게 느껴지지 않을 수도 있다. 설령 그렇다 하더라도 감정에 휘둘리지 말고 담담하게 적어내려가자.

전략을 수립할 때는 이 세 가지 고려 요인 이외에도 여러 다른 요인들을 고려해야 할 경우가 많다. 생각나는 대로 빠짐없이 적어보자. 글쓰기는 일종의 연쇄 작용과도 같다. 평소에는 의식하지 못했던 뜻밖의 정보와 지식들이 꼬리에 꼬리를 물며 생각날 것이다. 그런 다음 전략을 이루는 세 가지 선택에 대한 각각의 세부 내용을 적는다.

첫째, 삶에 대한 태도, 관점, 방법의 선택
둘째, 전공과 직업의 선택
셋째, 배우자(사랑과 결혼)의 선택

삶에 대한 태도에서는 가능한 한 모든 전략들을 빠짐없이 생각해보자. 정직하게 사는 전략, 수단 방법을 가리지 않고 사는 전략, 부지런히 사는 전략, 게으르게 사는 전략 등……. 이 가운데 무엇을 선택할 것인가에 대해서는 전략 결정의 세 가지 고려 요인(좋아하는 것, 강점, 약점)과 기타 요인을 참고해야 한다. 물론 이러한 선택들이 모두 비전에 근거해야 함은 더 말할 필요도 없다.

전공과 직업의 선택에 있어서도 현실적으로 가능한 모든 대안을 적어본다. 취업을 한다면 어떤 조직에 들어갈 것인지, 아니면 프리랜서의 길을 갈 것인지, 만약 대학원에 진학한다면 국내 대학원에 갈 것인지 유학을 떠날 것인지 등등 모든 가능성을 나열해보도록 하자.

마지막으로 배우자의 선택에서는 자신의 결혼관이나 이상형에 대해 적어보자. 물론 당장 급하지 않거나 독신으로 살겠다고 결심한 경우라면 비워둬도 좋다.

전략의 세 가지 내용을 결정할 때는 반드시 세상의 흐름에 대해 정리한 내용을 나란히 놓고 함께 고려해야 한다.

비전과 전략에 대해 써내려가다보면 쉴 새 없이 칸을 옮겨 다니게 된다. 이것은 자연스러운 현상이다. 비전을 수립한 뒤에 전략 결정의 세 가지 고려 요인을 적다가도 다시 비전의 미진한 점을 발견할 수 있고, 전략을 결정한 뒤에도 세상의 흐름에 대해 더 알아야 할 경우가 생길 수 있다. 따라서 이러한 요소에 대해 좀 더 탐색을 한 뒤에도 얼마든지 비전과 전략을 수정할 수 있는 것이다. 왜냐하면 이 모든 항목이 완성태가 아니라 서로 영향을 미치며 함께 진화하는 가능태로 존재하기 때문이다.

이렇듯 비전과 전략은 평생에 걸쳐 끊임없이 생각하고 수정하며 평가해야 한다. 하루에 일정 시간을 할애해 나의 삶을 성찰하는 기회를 가져보자. 수시로 생각날 때마다 수정하려면 아무래도 컴퓨터 파일로 작성하는 것이 좋다. 글로 표현하지 않은 비전과 전략은 너무 막연하고 미진해서 제 역할을 효과적으로 해내기 어렵다.

"당신은 비전과 전략이 있습니까?"

이렇게 물었을 때 '그렇다'라고 대답할 수 있다는 건 결국 자신의 비전과 전략이 머릿속에서만 맴도는 것이 아니라 이미 글로 정리되어 있다는 뜻이다. 기록된 비전과 전략은 살아가는 동안 갑자기 미래에 대한 회의가 생기거나 매너리즘에 빠졌을 때 강한 자극제가 되어줄 것이다. 머릿속으로만 생각하는 것보다 눈으로 읽는 것이 더 효과적이며, 더 나아가 소리 내어 읽으면 훨씬 더 큰 효력을 발휘한다. 왠지 무기력해지거나 삶에 대한 두려움과 회의가 밀려온다면 자신이 써놓은 비전과 전략의 모든 내용을 다시 한 번 찬찬히 읽어보자.

세상에 휘둘리지 않는 단단한 나

"면접에서 또 떨어졌어요. 이제 고개도 못 들고 다니겠어요."
"왜 고개를 못 들어? 남의 눈을 조금만 덜 의식해도 눈앞에 새로운 세계가 펼쳐질 거야."
"자존심 때문에 쉽지 않아요."
"남이 우리에게 관심을 갖는 건 정말 몇 분, 몇 초에 불과하거든. 잠깐의 자존심 때문에 많은 대가를 치르는 거라고. 나의 24시간이 그 몇 분 몇 초 때문에 흔들려도 괜찮을까?"

어느 날 제자 한 명이 찾아왔다. 그는 꽤 뛰어난 학생이었고, 그만큼 경쟁심도 남달랐다. 게다가 어릴 때부터 우등생 소리를 들으며 자란 탓에 늘 주목 받고 싶어 했다.

"처음엔 대학원에 진학해 학자의 길을 가고 싶었지만 포기했어요. 도저히 세계적인 석학이 될 자신이 없어서요."

"그럼 이제 뭘 할 생각이지?"

"기업에 취업하려고요."

"아, 기업에 들어가서 세계적인 기업인이 되려고?"

그러자 제자는 손사래를 쳤다.

"아뇨, 꼭 그럴 필요가 있나요? 그런 건 애당초 꿈도 안 꿔요."

"이상하네? 어째서 대학원에 진학하면 꼭 세계적인 석학이 되어야 하고, 기업에 취업하면 세계적인 기업인이 될 필요가 없는 걸까?"

그 뒤 제자는 기업에 취직해서 열심히 살아가고 있다. 이따금 학자의 길을 가지 않은 것에 대해 아쉬워하기도 했지만 내 생각은 다르다. 만일 그가 대학원에 진학해서 '반드시 세계적인 석학이 되어야 한다'는 집착과 망상을 버리지 못했다면 틀림없이 불행해졌을 것이다. 아무리 공부를 잘해도 언제든 자기보다 똑똑한 학생을 만나기 마련이고 학자가 되어도 세상에는 경쟁자들이 널려 있기 때문이다. 남을 의식하는 한 끊임없이 불행해지고 세계적인 석학이 되기 전까지는 결코 만족할 수 없었을 것이다. 설령 세계적인 석학이 되었더라도 그 다음엔 세계적인 부자를 부러워하지 않았을까? 더 중요한 건 유명한 학자들 가운데 '세계적인 석학이 되리라'는 야망을 가졌던 이가 없다는 사실이다. 오히려 남들의 시선과 세상의 평판에 아랑곳없이 자기만의 인생을 살았던 이들이야말로 인류 역사에 기억될 만한 업적을 남기는 법이다.

1988년 컬럼비아 대학교 캐럴 드웩 박사 연구팀은 초등학교 5학년 아이들을 각각 숙달지향적(Mastery-Oriented) 그룹과 성과지향적(Performance-Oriented) 그룹으로 나누어 학습 태도에 관한 테스트를 진행했다.

첫 번째 테스트에서 연구진은 의도적으로 쉬운 문제를 제시한 뒤 숙달지향적 그룹의 아이들에게는 노력한 점 그 자체에 대해 칭찬했고, 성과지향적 그룹의 아이들에게는 재능에 대해 칭찬했다. 이어진 두 번째 테스트에서 난이도가 높은 문제를 제시하자 두 그룹의 반응이 다르게 나타났다. 당장의 결과물에 대해 잘한다고 칭찬받았던 성과지향적 그룹의 아이들은 실패를 지적받는 것이 두려워 새로운 도전을 회피하려고 했던 반면, 숙달지향적 그룹의 아이들은 새로운 것을 배우는 기회로 받아들여 다시 도전했다. 이후 중학생들을 대상으로 이뤄진 실험에서도 숙달지향적 그룹의 아이들은 능동적으로 학습 전략을 짜고 스스로 동기 부여를 함으로써 성과지향적 그룹의 아이들보다 학교 성적이 더 높은 것으로 나타났다.

캐럴 드웩 박사는 이 실험을 토대로 '개인의 성취 목표는 숙달 위주와 성과 위주로 대표된다'고 결론을 내렸다. 다시 말해 주어진 과제를 해결하는 과정에서 자신의 능력 개발을 목표로 하는가, 아니면 타인과 비교해서 상대적 우월감 확인을 목표로 하는가에 따라 인생이 달라진다는 얘기다.

성과지향적 사고에 사로잡힌 사람들은 '그래야 남들이 알아보지 않겠느냐?'라는 이상한 착각을 한다. 하지만 남을 의식하는 한 끝없이 불행해질 수밖에 없다. 자기의 비전과 전략을 수립해서 즐거운 마음으로 학문의 길이든 기업가의 길이든 자기만의 길을 가고 있다면 그것으로 된 것이다. 설령 남들이 알아주는 자리에 오른다 한들 삶에서 가치와 의미를 찾지 못한다면 결코 행복해질 수 없다. 그런데도 우리는 남들의 평가 기준에 부응하기 위해 부질없는 경쟁에 뛰어들곤 한다. 경쟁에서 이겼을 때의 만족감은 한순간뿐인데도 말이다.

운동선수들은 경기에 임할 때 인간이 받을 수 있는 최대치의 스트레스를 받는다고 한다. 반드시 이겨야 한다는 중압감 때문에 실수할 가능성도 아주 커진다. 아무도 없는 곳에서 혼자 연습할 때와 수천 명의 관중 앞에서 경기할 때의 기량이 같을 수는 없기 때문이다.

남을 의식하지 않으면 경쟁은 무의미해지고 그때부터 나 혼자만의 경기가 시작된다. 남을 의식하지 않고 나 혼자만의 경기, 나 혼자만의 인생을 만들어 나갈 때 승리의 확률은 훨씬 더 높아진다. 사람을 웃기려고 하면 오히려 더 웃지 않더라는 어느 코미디언의 말은 충분히 음미할 필요가 있다. 돈을 따겠다고 집착하면 돈을 더 잃더라는 어느 도박꾼의 말도 기억할 필요가 있다.

피겨 선수 김연아는 아사다 마오와의 라이벌 의식을 묻는 집요한 질문에 "아사다를 이기려고 피겨를 하는 건 아니다"라고 답했다. "내가 해야 하는 일에 집중할 뿐이다. 최고의 결과가 아니더라도 조금 더 발전했다는 사실에 만족하고 지금의 자리에서 최선을 다하면 그만이다"라고도 했다. 일본 방송인 데리 이토는 세계선수권대회 중계 도중 "김연아는 자신 외에 다른 이들은 크게 신경 쓰지 않는 느낌이다. 그러나 아사다는 라이벌을 의식하는 게 다른 사람 눈에도 보인다"고 말했다. 어쩌면 아사다는 김연아를 추격하느라 자기 길을 잃었는지도 모른다(『중앙SUNDAY』 2013년 3월 24일자). 김연아 선수는 결과에 집착하지 않고 자신의 걸음을 세며 꾸준히 달리는 것이 얼마나 중요한지 피겨라는 한편의 드라마로 우리에게 보여준 셈이다.

정신력이 어느 경지에까지 이른 극소수의 선수들만이 '자기만의 경기'를 함으로써 승리의 확률을 높일 수 있다. 인생도 마찬가지다. 남을 의식하지 않는 마음가짐에서부터 자기만의 인생이 시작된다.

프라다 가방의 상표를 뗀 다음 사진을 찍어 3만 원에 판다는 인터넷 광고를 냈더니 볼품없는 가방이라고 비웃는 댓글이 잔뜩 달렸다고 한다. 다시 상표를 붙인 뒤 열 배 넘는 가격으로 광고를 내자 이번에는 '역시 프라다'라는 찬사가 쏟아졌다고 한다. 이것이 소위 명품을 대하는 대중 심리의 현주소다. 나만의 감성과 미학적 관점이 아닌 사람들의 이목과 평가만이 선택의 기준이 된 것이다. 지금의 절반 정도만 남의 눈을 의식해도 어쩌면 우리 인생은 열 배 이상 풍요로워지지 않을까?

폴란드의 사회학자 지그문트 바우만은 '나는 생각한다, 그러므로 나는 존재한다'라는 말을 '나는 보여진다, 그러므로 나는 존재한다'라고 비꼬아 말했다. 자신의 삶이 아닌 '남들에게 비춰지는' 삶을 살아가는 사람들이 그만큼 많다는 뜻이다. 많은 사람들이 자신을 돌아보기 전에 타인의 시선을 먼저 의식한다. 이는 결국 스스로 감시 받는 인생을 선택하는 것과 다를 바가 없다.

우리는 늘 주체적으로 생각한다고 믿고 있지만 실상은 그렇지 못하다. 아무리 부정하고 싶어도 인간은 남의 말에 휘둘리고, 남의 생각과 남의 시선에서 자유롭지 못하다. 무리에서 소외될까 남들 눈치를 기민하게 살피지만 여기서 헤어나기란 쉽지 않다. 그렇다면 적어도 '내가 휘둘리고 있구나!'라는 사실만이라도 알아차려야 하지 않을까? 남의 비판과 남의 감정에 휘둘리며 살고 있다는 이 불편한 사실을 인식하지 못한다면 그것이야말로 로봇이나 인형처럼 살고 있다는 증거이다.

진로나 취업 문제로 상담을 청하는 학생들과 이야기를 나눠보면 고민의 대부분이 남을 의식하는 것에서 비롯됨을 알 수 있다. 대놓고 말하지는 않지만 그들의 의식 밑바닥에는 '그래도 남들 눈에 그럴싸해 보이는 직장을 선택하고 싶어요'라는 속내가 깔려 있다. 능력에 맞는 직장을 추천해주면 '마음에 들긴 하지만 그런 회사에 다닌다고 하면 사람들이 어떻게 볼까요?'라며 갈등한다. 이성 교제에 있어서도 많은 젊은이들이 함께 길을 걸을 때 남들 눈에 '쪽 팔리지 않을 만한' 상대를 찾는다.

"그래, 이제부터 남에게 휘둘리지 않고 살아야겠어!"

이런 결심만으로는 부족하다. 이미 의지나 각오의 문제를 넘어섰기 때문이다. 남에게 휘둘리지 않으려면 첫째, 마음에 튼튼한 근육과 뼈를 만들어야 한다. 그래서 마음에도 운동이 필요한 것이다. 둘째, 자신의 비전과 전략을 탄탄하게 세워야 한다. 오직 나만의 것을 갖고 있어야 남에게 휘둘리지 않을 수 있다. 물론 시행착오와 후회의 과정을 겪어야 할지도 모른다. 하지만 꾸준한 연습과 실천으로 그 기간을 단축할 수 있다. 나에게 맞는 가치관과 세계관으로 비전과 전략을 수립하고 그것을 지키는 연습, 그리고 남의 말과 생각, 시선, 비판 등을 나의 가치관과 세계관으로 씻어내는 실천이 필요하다.

우리는 깨어 있는 매순간마다 무엇인가를 선택하며 살아간다. 그 모든 선택의 순간 앞에서 스스로에게 딱 한마디의 질문을 던지는 습관을 가져보자.

"이것은 누구의 선택인가?"

남에게 휘둘리지 않는 삶, 그 온전한 나의 삶이 주는 기쁨은 맛본 사람만이 안다. 그런 사람을 우리는 닮고 싶어 하고 부러워한다. 다시 말해 남에게 휘둘리지 않는 삶은 자신에게는 기쁨이고 남에게는 부러움인 것이다.

언젠가 가까운 동료 교수가 하루는 이런 이야기를 들려주었다.

어느 날 환경미화원 부부가 가구를 얻으러 왔다. 비록 헌 가구를 얻기 위해 교수의 집을 찾았지만 그들에겐 전혀 부끄러워하는 기색이 보이지 않았다. 부부의 표정에는 마치 산속의 노승에게서나 볼 수 있을 법한 평온한 기운이 깃들어 있었다. 그들과 좀 더 대화를 나누는 동안 교수는 환경미화원 부부의 삶에 대한 가치관과 흔들림 없는 마음가짐에 크게 감명을 받았다고 했다. 그들의 삶 속에는 불교적인 철학과 가치관이 녹아 있어서 감히 그 누구도 범접하지 못할 그들만의 영역이 느껴졌다는 것이다.

"헌 가구를 얻으러 온 사람들에게서 오히려 내가 감동을 받았다네."

동료 교수가 말했다. 평범하면서도 쉽게 잊히지 않는 이야기였다. 자신의 삶에서 가치와 의미를 찾을 수 있는 사람이 얼마나 될까? 그런 점에서 그 환경미화원 부부는 행복한 성공을 거둔 사람들이고, 이미 행복한 사람들이다.

남에게 휘둘리지 않기 위해서 이를 악물고 비장한 각오를 할 필요는 없다. 잔잔히 미소 지으며 담담하게 '그냥 그렇게 하지 않으면' 된다. 자기만의 가치관과 세계관으로 남의 말, 생각, 시선, 비판, 감정을 씻어내면 결국 내가 갖고 싶은 것만 남는다. 나에겐 행복, 가치, 의미를 찾아가는 비전과 전략이 있고 이를 뒷받침하는 가치관과 세계관이 있으니 이미 풍족하다고 생각하라. 그래야 외부의 영향에도 아랑곳하지 않고 자기만의 미소를 지을 수 있을 것이다.

가치와
의미를 찾아서

"저는 돈이 제일 좋거든요. 이런 세속적인 것도 비전이 될 수 있을까요?"
"왜 안 된다고 생각해?"
"비전은 행복, 가치, 의미와 관련 있다고 하셔서……."
"비전을 세울 때 행복, 가치, 의미를 고려하지 않는다면 봉사하는 삶을 살아도 불행할 거야. 그보다는 제대로 된 비전이 있는 부자가 훨씬 더 행복하고 훌륭하다고 생각해. 다만 욕망 때문에 돈을 따라가면 부자가 되어도 다른 욕망을 찾아 나설 거야. 돈으로부터 가치와 의미를 찾을 수 있다면 돈을 한 번 추구해봐. 아주 멋진 비전이야."

훌륭한 비전이라고 해서 반드시 큰 인물, 세속적으로 성공한 사람, 존경받는 사람이 되어야 한다는 생각은 착각이다. 속으로는 '돈이 최고야!'라고 말하면서 겉으로는 가치와 의미라는 단어에 부담을 느끼고 있다면 이미 어긋난 것이다. 비전이란 말에 주눅 들지도 말고 너무 거룩하게 생각하지도 말자. 꼭 봉사나 헌신처럼 거창한 것을 떠올릴 필요는 없다.

정치가가 되고 싶다는 어느 젊은이와 이야기를 나눈 적이 있었다.

처음에 나는 그가 권력에서 가치와 의미를 찾는다고 생각했는데 알고 보니 그게 아니었다.

"저는 명예에서 가치와 의미를 찾고 싶습니다."

나는 그의 솔직함이 좋았다.

"멋지군. 다만 명예욕에 빠지지 않도록 유념해야겠지. 명예와 명예욕은 다른 거니까."

명예욕에 빠지면 결국 명예를 얻지 못한다. 자신의 욕망을 비전에 결합하면 인생을 잘못 설계할 수 있다. 행복, 가치, 의미를 고려해 비전을 세우고, 그 비전에 자신의 이익과 욕망을 맞춰야 좋은 결과를 얻을 수 있다. 예컨대 돈이 좋다고 해서 돈을 많이 버는 사람이 되겠다는 비전을 세운다면 이는 실패로 들어서는 지름길이다. 대부분의 젊은이들은 비전과 전략을 수립할 때 솔직히 돈이 최고라고 생각한다. 그런데 막상 돈을 벌기 위한 전략이 무엇이냐고 물으면 '회사에 취직하는 것'이 고작이다. 돈으로부터 가치와 의미를 찾는다고 말할 때 사람들은 세계적인 대부호를 꿈꾼다. 하지만 삶의 전략이 고작 회사에 취직하는 것이라면 구태여 돈으로부터 가치와 의미를 찾는다고 말할 필요가 있을까? 돈 자체에서는 가치와 의미가 나오지 않는다. 돈을 어떻게 쓰느냐에 따라 가치와 의미가 만들어질 뿐이다.

비전은 나와의 관계가 더 중요하다. 미래의 나를 상상할 때 가슴이 뛰고 얼굴에 미소가 떠오른다면 아주 좋은 비전이다. 비전은 행복, 가치, 의미를 찾은 미래의 내 모습이기 때문이다. 여기서 중요한 것은 무엇이 비전이고 무엇이 수단인지 구분할 수 있어야 한다는 점이다. 대부분의 사람들은 부자가 되는 미래를 상상할 때 절로 미소가 떠오른다. 하지만 엄밀히 말해 부자가 되는 것은 수단에 불과하며 그 자체만으로는 행복해질 수 없다.

하인리히 슐리만은 어릴 때 호메로스의 『일리아드』와 『오디세이』를 읽으며 고고학자의 꿈을 키웠다. 그는 트로이 문명이 실제로 있었다고 믿은 나머지 언젠가는 그 유적을 꼭 발굴하겠다고 마음먹었다. 그 뒤 슐리만은 가게 점원을 시작으로 무역회사 직원까지 수많은 일을 전전했고 40대에 이르러서야 엄청난 부를 쌓을 수 있었다. 그리고 마침내 그는 탐사에 나섰다. 주변의 비난과 비웃음에도 아랑곳하지 않고 수차례에 걸쳐 탐사를 한 결과, 결국 그는 트로이 유적을 발견해냈다.

누구나 일을 해서 돈을 벌지만 그 행위에서 찾는 가치와 의미는 제각각이다. 슐리만에게 돈이란 트로이 유적을 발굴하기 위한, 즉 '어릴 때 품었던 꿈을 이루기 위한 수단'으로서의 가치와 의미를 지닌다. 일에서 가치와 의미를 찾으면 찾을수록 그 과정에서 얻는 행복과 만족도 높아질 수밖에 없다. 흔히 인용하는 유명한 사례에 돌 깨는 사람과 성전 건축가에 대한 이야기가 있다. 공사장에 가서 뭘 하고 있느냐고 묻자, 한 사람은 '돌을 깨고 있다'고 대답했고, 또 한 사람은 '성전을 짓고 있다'고 대답했다. 같은 일을 하고 있지만 가치와 의미가 있느냐 없느냐에 따라 둘의 삶은 완전히 달라진다.

행복은 가치, 의미와 밀접한 관련이 있다. 인생의 밑그림이 가치와 의미를 찾을 수 있는 삶을 그리고 있다면, 이러한 밑그림에 기초한 전략도 가치와 의미를 담고 있다. 전략은 직업과 일을 선택하는 것이므로 결국 직업과 일로부터 가치와 의미를 찾아야 한다. 어쩌면 '하루하루 살아가기도 벅찬데 무슨 가치와 의미를 찾으라는 건가?'라며 거부 반응을 보이는 사람들도 많을 것이다. 가치와 의미와는 상관없이 그냥 평범한 사람으로 편하게 살겠다는 사람들도 있을 것이다. 그러나 삶에서 가치와 의미를 찾지 못한다면 보통 사람으로서의 삶 역시 행복하기 어렵다.

A는 시골의 소박한 직장에서 일하는 보통 사람이었다. 그는 '세속적인 성공 따위는 바라지 않는다'며 평범한 삶에 늘 만족하며 살았다. 그러던 어느 날, A의 회사에 B라는 사람이 들어왔다. B는 누구나 부러워할 만한 최고의 직장에서 어마어마한 연봉을 받던 엘리트였다. 그러다 어느 순간 모든 것을 다 내던지고 자기만의 가치와 의미를 찾아 시골 생활을 선택한 것이었다. A의 한가로운 생활이 변하기 시작한 건 그때부터였다. 겉으로 보기엔 A나 B 모두 똑같이 인생의 여유를 즐기는 것처럼 보였지만, 사실 A의 내면에는 이런 냉소적인 생각이 자라나고 있었다.

'그래, 난 능력이 없어서 이런 일을 하지만 너야 잘 나가던 사람이니까 이런 일이 좋아 보일 수도 있겠지.'

행복하다고 생각했던 A의 소박한 생활은 거기까지가 한계였다. '나는 세속적인 성공 따윈 바라지도 않아'라고 말하면서도 막상 성공한 사람들을 보면 속으로 부러워하고 씁쓸해하는 경우가 어디 A뿐일까? 사람들은 남들이 부러워하는 직업을 가져야만 가치와 의미를 찾을 수 있다고 생각한다. 그러나 지혜, 자유, 평온이 있는 사람은 평범한 일에서도 얼마든지 가치와 의미를 찾는다. 지극히 평범한 직장 생활을 하면서도 가치와 의미를 찾는 삶은 행복하면서도 아름답다. 반면 누구나 동경하는 일을 하면서도 언제나 남을 부러워하고 불평하는 사람은 주위 사람들까지 우울하게 만든다.

어느 일요일 아침, 톰 소여의 아버지가 톰에게 페인트칠을 하라고 시켰다. 톰이 담장에 페인트를 칠하고 있자 아이들이 몰려와 놀렸다.

"톰, 이렇게 좋은 날씨에 넌 고생만 하는구나!"

하지만 톰은 아무런 대꾸도 없이 즐거운 듯 열심히 페인트만 칠하고 있었다.

"톰, 그게 재미있니?"

아이들이 하나둘씩 묻기 시작했다.

"엄청 재밌어!"

그러자 아이들이 너도나도 페인트를 칠하겠다며 나서기 시작했다.

"공짜로는 안 돼. 해보고 싶으면 돈을 내야 해!"

톰이 말하자 아이들은 기꺼이 돈을 내겠다고 했다. 톰은 아이들을 줄 세우고 한 명씩 돈을 받아가며 페인트칠을 하게 했다.

이 짧막한 에피소드를 통해 미국의 소설가 마크 트웨인은 톰 소여라는 개구쟁이 소년을 인간 심리의 대가처럼 만들어놓았다. 톰은 하기 싫은 일에 대한 자신의 반응을 재미로 탈바꿈시킴으로써 마침내 놀면서 돈까지 벌 수 있었던 것이다. 어떤 일이든지 마음먹기에 따라 이렇게 달라질 수 있다.

나에게도 비슷한 경험이 있다. 군대 시절 막사의 담장을 칠하라는 명령이 떨어진 적이 있었다. 동료들이 내내 투덜거리는 동안 나는 휘파람을 불며 담장을 한 줄 한 줄 마치 예술 작품을 그리듯이 칠해 나갔다. 시간이 갈수록 요령이 생겼다. 붓을 너무 빨리 움직이면 거품이 생기는

데 그럴 땐 한 번 더 칠하면 거품이 없어진다는 스킬을 터득했고 나무 사이로 붓이 잘 들어가지 않을 땐 살짝 돌려가며 교묘하게 집어넣는 방법까지도 알게 되었다. 그런 과정이 재미있었고 하나하나 완성할 때마다 묘한 성취감도 생겼다. 지겹고 따분한 페인트칠을 예술 행위로 대하고 보니 전혀 재미없는 일이 아니었다.

 아무리 재미있는 일도 직업으로 삼으면 재미가 반감된다고 한다. 영화를 정말 좋아하는 사람이더라도 막상 영화를 제작하게 되면 취미일 때만큼 재미있지 않을 것이다. 그러나 지혜, 자유, 평온이 있는 사람은 평범한 일에서도 가치와 의미를 찾는다. 톰 소여의 페인트칠, 전업 주부의 삶, 피아노 연주, 동네 앞산 오르기, 정원 꾸미기, 텃밭 가꾸기, 자연에의 몰입 등 평범한 일이 나의 삶에 의미를 줄 수도 있다. 일, 공부, 직업 그 자체로부터 가치와 의미를 찾으면 그 또한 재미있어진다. 문화 예술 활동, 독서, 운동 같은 취미 생활도 마찬가지다. 사실 가치와 의미는 거의 모든 일에서 찾을 수 있다.

 인간은 원래 일에서 가치와 의미를 찾을 때 훨씬 더 만족을 느낀다. 인간이 훌륭한 존재여서가 아니라 그것이 본성이기 때문이다. 그런 면에서 인간은 아주 사치스러운 존재라 할 수 있다. 아무리 잘 먹고 잘 입고 잘 살아도 가치와 의미를 찾지 못하면 결코 행복할 수 없다. 부자가 된 사람들이 삶에서 허전함을 느끼는 것도 바로 이 때문이다.

 '내가 그의 이름을 불러주었을 때 그는 나에게로 와서 꽃이 되었다'는 시구처럼 일 역시 어떤 가치와 의미를 부여하느냐에 따라 충분히 달라질 수 있다. 한 살이라도 젊을 때 가치와 의미를 찾을 수 있는 일을 발견해야 한다. 직업에서 가치와 의미를 찾던 사람이 은퇴를 하면 갑자기 어디에서도 가치와 의미를 찾을 수 없게 된다. 가치와 의미를 찾는 건 젊은이들의 전유물임을 뒤늦게 깨달은 것이다. 그러니 젊은 시절부터 직업 이외의 것으로부터 가치와 의미를 찾아보자. 나이가 들어서도 여전히 유효한 그것이 삶을 보다 행복하게 만들어줄 것이다.

불행한 성공,
행복한 성공

"성공에 관한 책을 읽었는데 굉장히 힘이 솟고 용기가 나요."
"혹시 책을 읽을 때만 그런 건 아닐까?"
"그래도 용기를 주니까 좋잖아요."
"전혀 효과가 없는 건 아니겠지. 하지만 결과적으로는 해로울 수 있어. 성공학은 이제 종교와 미신의 영역으로까지 진입했거든. 그런 책들은 자기 자신을 바로 보지 못하게 만들고 판단의 오류와 행동의 실수까지 낳게 할 우려가 다분해."

보통 수준의 지적 능력을 갖추고 스무 살까지 정규 교육을 받았다면 이미 세상이 만든 틀에 갇혀 있을 가능성이 높다. 오늘날 많은 젊은이들의 뇌리에는 '성공하지 않으면 불행해진다'라는 통념이 낙인처럼 찍혀 있다. 사회에서 꼭 성공해야 한다는 족쇄, 많은 것을 가졌음에도 불구하고 세속적으로 성공하지 않으면 불행해진다는 강박 관념이 사람들을 지배하고 있다.

서점에 가면 사람들로 늘 북적대는 곳이 있다. 주로 성공 관련 책이 진열된 자기계발 코너. 책을 하나하나 펼쳐보면 '이렇게 하면 성공한다, 좌절하지 마라, 실패를 딛고 일어나라, 너는 할 수 있다, 너는 특별하다……' 등등 소위 위로와 용기를 주는 내용들로 가득하다. '간절히 꿈꾸면 우주가 화답한다'는 주술적인 주장마저도 이제는 일반화되어 평범하게 느껴질 정도다.

나는 독서를 무척 사랑하지만 성공학 관련 책은 그다지 신뢰하지 않는 편이다. 이유는 크게 두 가지인데 첫째, 자기 자신에 대한 과대망상을 부추길 위험이 있기 때문이다. '당신은 특별한 존재입니다', '당신은 해낼 수 있습니다'라는 말에 사람들은 솔깃할 수밖에 없지만 이런 종류의 책은 읽는 동안만, 길어야 며칠 동안만 힘이 나는 것처럼 느껴질 뿐이다. 감상적인 위로나 일시적인 치유에 그칠 가능성이 높다는 이야기다. '끌어당김의 법칙'만으로 성공이나 행복을 거머쥐었다는 사람을 나는 본 적이 없다. 자기 자신을 직시하지 못하면 사물과 현상도 있는 그대로 보지 못한다.

둘째, 성공학 관련 책은 욕망을 극대화한다. 욕망의 채찍질에 의해 달려가는 성공의 길 위엔 끝없는 갈증만 있을 뿐 결코 만족은 없다. 욕망은 원래 무한대로 자가 증식하기 때문에 기대치에 도달한다고 해도 그것은 다만 일시적 만족에 불과하다. 게다가 성공했다고 느끼는 순간 자기보다 더 나은 사람들이 또 나타난다. 그러니 스스로 욕망의 채찍을 휘두르며 계속 달릴 수밖에 없다.

그럼에도 불구하고 사람들은 성공만을 향해 쉼 없이 나아간다. 사실 성공을 꿈꾸고 성공에 집착할 수 있는 사람은 행운아다. 부유한 집의 젊은이들은 능력이 부족해도 쉽게 성공을 포기하지 않는다. 이들은 모든 면에서 너무나 유리하다. 과거에는 개천에서 용이 날 수 있었지만 요즘은 다르다. 집이 가난하고 좋은 대학에 진학하지 못한 젊은이들은 대부분 기가 죽어 있거나 자기 능력의 10분의 1도 사용하지 못한 채 일찌감치 성공에서 멀어진다. 결국 이 세상은 성공을 포기한 사람들과 성공에 집착하는 사람들로 가득하다. 하지만 이 두 가지 유형 모두 바람직하다고는 볼 수 없다.

성공에 대한 열정이 부글부글 끓고 있는 젊은이들에게 성공학을 경계하라고 하면 설득력이 없다는 걸 나도 잘 안다. 성공학을 경계하라는 말은 자칫 돈이 많아야 행복한 것은 아니니 부자가 되려고 노력하기보다 훌륭한 일을 하라는 거룩한 조언처럼 들릴 수도 있다. 성공을 좇지 말라는 건 돈에 대한 욕심을 버리라는 것도 아니고 의사나 변호사가 되지 말라는 것도 아니다. 그 무엇보다 이 사실만큼은 반드시 기억해야 한다. 성공에 집착해 욕망의 길을 좇다 보면 부자가 되어도 불행해지고 의사나 교수가 되어도 불행해지며 남들이 부러워하는 직장에서 일해도 불행해질 수밖에 없다는 걸 말이다.

사람들은 욕망이라는 뜨거운 동력을 안고 앞을 향해 거침없이 질주해야지만 크게 성공할 수 있다고 믿는다. 욕망이 뒷받침되지 않으면 게을러지고 꿈도 작아진다고 착각한다. 하지만 욕망이라는 바탕 위에서는 비전과 전략이 어긋날 우려가 있다.

가장 지혜로운 방법은 현재의 나와 세상을 있는 그대로 바라보고 부지런히 비전과 전략을 다듬으며 매순간 최선을 다하는 것이다. 최선을 다했으니 결과가 기대에 미치지 못하더라도 미련과 후회는 없다. 일에 몰두하고 일 자체로부터 만족을 얻었으니 그걸로 충분한 것이다. 그것이 바로 인생의 목적지로 가는 진정한 항법이다.

자신을 함부로
사랑하지 말아야 하는 이유

"앞으로 제 자신을 좀 더 사랑해야겠어요. 내가 나를 사랑하지 않으면 아무도 나를 사랑하지 않는다는 말도 있잖아요."
"그럼 내가 나를 사랑하면 과연 남들도 나를 사랑할까? 그건 아닐 텐데……."
"그렇다고 자기를 미워해야 하는 것도 아니잖아요."
"그건 또 하나의 이분법이고 흑백 논리야. 사랑도 미움도 다 떠나서 그저 자기 자신을 있는 그대로 보면 어떨까?"

외아들로 태어난 최군은 어릴 때부터 부모의 사랑을 독차지하며 자랐다. 아들 사랑이 너무도 극진했던 부모는 유치원 때부터 최군의 교육에 열성을 보였다. 수많은 자녀교육서에서 강조했듯이 부모는 아들에게 '넌 특별한 아이야. 넌 뭐든지 잘할 수 있어'라며 자신감과 자부심을 한껏 키워주었다. 그런 열망에 부응하듯 최군은 스스로 대단한 사람이라 여겼고 자식이 최고라고 생각하는 부모 밑에서 오직 자기만을 위한 삶을 살았다. 대학을 졸업할 때까지 최군은 그렇게 주인공처럼 살았다.

그러나 회사에 취직하고 '진짜 세상'으로 나오면서부터 상황은 조금씩 달라지기 시작했다. 최군은 자기를 알아주지 않고 그저 수많은 신입사원 중 하나로만 대하는 직장 분위기에 크게 실망한 나머지 나의 길이 아니라며 사표를 냈다. '나는 그런 직장에서 썩고 있을 사람이 아니야'라는 것이 그의 생각이었다. 그 뒤 최군은 로스쿨 진학을 준비했다. 서울이 아닌 지방대 로스쿨에 합격한 그는 '내가 지방대 로스쿨에 다니게 생겼느냐'며 또 한 번 크게 실망했다. 그러고는 경영학으로 전공을 바꿔 미국 MBA 과정에 지원했으나 명문 대학이 아닌 여러 평범한 대학들만이 최군에게 입학 허가서를 내주었다. 최군은 생각했다. '요즘은 미국 MBA가 과잉이라 명문대 출신이 아니면 한국에서 대접받지 못한다는데 어쩌지……'

어떻게 할까 고민하는 사이 시간은 점점 더 흘러 이제는 취업하기에도 이미 늦은 나이가 되어버렸다. 주변에서 몇몇 지인들이 일자리를 소개해줘도 최군은 만족스럽지 못하다며 거절했다. 부모 밑에서 하루하루 시간을 계속 허비하고 있지만 그는 지금도 여전히 자기가 대단한 사람이라 생각하고 있다.

'당신을 사랑하세요. 당신은 소중하니까요.'

우리는 바야흐로 자기애의 시대, '자기를 사랑하라'고 장려하는 시대에 살고 있다. 대부분의 가정에서 하나 혹은 두 명의 자녀만 낳아 애지중지 키우다 보니 아이들은 과거에 비해 훨씬 더 자기애가 넘쳐난다. 물론 자기 자신을 사랑해야겠지만 맹목적인 자기애는 결국 자신을 잃는 그대로 보지 못하게 만든다.

　무엇보다 과도한 자기애는 자기중심적인 삶으로 이어지기 쉽다. 심한 경우에는 부모, 형제를 포함한 나머지 모든 사람들을 '자신의 이익'이라는 잣대만으로 대하기도 한다. 매사 자기중심적으로 생각하면서도 정작 본인이 그렇다는 사실조차 모르며 자신의 이익을 위해서라면 남이 엄청난 손해를 본다고 해도 무덤덤하다. 이런 현상은 윤리가 사라져서가 아니라 맹목적·이기적 자기애가 낳은 시대의 기형적인 일면이라고 봐야 할 것이다.

　미국 오하이오 주립대의 에이미 브루넬 교수 연구팀은 학생 199명을 대상으로 '커닝을 했을 때 얼마나 죄책감을 느끼는가?'라는 설문 조사를 한 적이 있다. 설문지에 '나는 다른 사람들보다 나은 점이 없다' 혹은 '나는 아주 특별한 사람이다'라는 문항을 제시해 점수에 따라 나르시시즘의 정도를 측정했다. 그 결과 자기애가 과도할수록 타인의 관심을 받고 싶어 하는 성향이 강한 탓에 커닝을 더 많이 하며 자기과시욕의 수치가 높을수록 죄책감의 수치는 낮은 것으로 나타났다. 브루넬 교수는 '나르시시즘이 있는 사람은 자신이 특별하다고 믿으며 필요하다면 커닝 같은 부정행위도 저지를 수 있다'고 말했다.

　자기애는 자의식과도 맥을 같이 한다. 자의식은 삶에 있어 굉장히 중요하다. 하지만 자의식을 지나치게 강조하면 나를 대상(타인, 환경 등)으로부터 분리시켜 단절을 느끼게 해 결국 스스로를 굉장히 고독하게 만든다. 사회 속의 인간은 상호 의존적일 수밖에 없는데, 이를 망각한 채 자신을 폐쇄적인 독립 개체로 생각하는 것이다. 그리하여 내가 겪은 일은 오로지 나만의 경험이며 타인과의 관계 속에서 발생한 사건 역시 자기중심적으로 재창조해 소유한다.

　이렇듯 필연적으로 과도한 자의식은 맹목적인 자기애로 이어진다. 바로 이 지점에서부터 논리의 비약이 시작된다. 내가 간절히 바라면 무엇이든 성취할 수 있다는 속삭임이 우리를 유혹하는 것이다. 우리는 모두가 성공할 자격이 있다고 믿는다. 남보다 더 잘 되어야 하고, 뭐든지 잘할 수 있어야 한다고 믿는다. 왜냐하면 '나는 특별한 존재'라고 스스로 주문을 걸었기 때문이다.

　어떻게 된 일인지 실제 세상으로 나가면 완전히 딴판이다. 막상 해보면 도대체 쉬운 일이 하나도 없다. 그럼 포기하고 다시 새로운 욕망을 사냥하기 시작한다. 자기애의 가장 큰 문제점은 만족을 모른다는 것이다. 자기 자신과 세상을 있는 그대로 보지 않은 채 그저 내가 특별한 존재이며 남보다 뛰어나다는 맹신만 있으니 대학도 마음에 안 들고 직장도 마음에 안 든다. 그래서 최군의 경우처럼 기회를 노린다는 핑계로 늦은 나이임에도 불구하고 여전히 독립하지 못한 채 부모 곁을 떠나지 못한다. 부모가 부자라서 해외 유학이라도 다녀오면 기대 수준이 한층 더 높아져 웬만한 직장은 거들떠보지도 않는다.

　이 모든 착각과 오류는 세상과 자기 자신을 너무 감상적으로, 낭만적으로 보려는 태도 때문이다. 우리는 어쩌면 '자부심'에 대해 지나친 환상을 품고 있는 건지도 모른다. 자부심을 가지면 용기를 내서 노력을 더 많이 할 것이고, 결국 성공할 거라는 생각에 '너는 할 수 있다', '나는 할 수 있다'라는 말을 서로에게 그리고 자신에게 남발한다. 물론 긍정적인 효과도 있다. 남들과의 관계에서 심리적 안정을 유지하게 되고 맡은 일을 좀 더 잘할 수도 있을 것이다. 하지만 세상과 자신에 대한 냉정한

평가가 뒷받침되지 않은 채 겉만 번지르르한 비전을 세운다면 그 모든 자기애와 자부심은 결국 '가짜 자아'만을 만들어낼 뿐이다.

어째서 있는 그대로의 자신을 보지 않고 자기애라는 감상적 위안에 빠져드는 것일까? 인정하기 싫고 마냥 외면하고만 싶은 자신의 적나라한 현실과 마주쳐야 하기 때문이다. 이는 마치 처리해야 할 고지서를 보고 싶지 않아 우편함을 열지 않는 것과 같다. 그래도 언젠가는 반드시 열어야만 한다. 자기애의 반대는 자기 증오가 아니라 '자신을 바로 보는 것'임을 잊지 말자. 더 큰 좌절의 순간이 오기 전에 자신과 세상을 바로 보고 매순간 점검해야 한다.

칭찬은 고래도 춤추게 한다. 감동적인 말이지만 칭찬에 의해 고래가 춤을 춰서는 안 된다. 고래는 칭찬 때문이 아니라 춤을 출 수 있는 능력이 있고 춤을 춰야 하는 이유가 있으니까 춤을 추는 것이다. 자기애에서 벗어나 자기를 있는 그대로 보고 인생의 밑그림을 그려보자. 진짜 자부심과 건강한 자신감은 바로 여기에서 나온다. 또한 이것이 진정으로 자신을 사랑하는 방법임을 잊지 말자.

일과 공부에서
가치와 의미를 찾을 수 없다면

"저는 아침 8시에 집에서 나와 저녁 7시에 퇴근해요. 솔직히 편한 직장이죠.
그런데 저는 요즘 퇴근 시간만 기다려요. 직장 생활이 너무 지겹거든요."
"하루의 거의 절반을 직장에서 보내는데 일이 그렇게 지겹다면 하루의 절반
을 포기하는 거네? 그럼 나머지 시간에 가치나 의미를 찾는 편인가?"
"뭐, 가치나 의미라기보다는 그냥 놀거나 쉬는 거죠."
"인간은 엄청 사치스런 동물이야. 일에서 가치와 의미를 찾지 못하면 노는
것에서조차 만족하지 못하거든."

직장에서 보내는 시간을 그저 '시간 때우기'로 여긴다면 하루 몫의 인생 중 가장 많은 부분을 버리는 셈이다. 깨어 있는 시간의 절반을 버리면서 성공하는 삶을 생각할 수 있을까? 성공하는 삶, 죽는 순간에 후회하지 않는 삶을 살고 싶다면 직장에서 보내는 시간을 포기하지 말아야 한다.

가치와 의미를 포함해 비전을 세웠다면 이제 직장의 선택이라는 전략을 짜서 가치와 의미를 찾아야 한다. 이때 많은 사람들은 이렇게 반문

하곤 한다.

"과연 가치와 의미를 찾을 수 있는 직장이 있을까요?"

직장이 훌륭해서 그곳으로부터 가치와 의미를 찾을 수 있다는 뜻이 아니다. 남들이 보기에 보잘것없는 직장에서도 일로부터 가치와 의미를 찾는 사람이 있는가 하면, 훌륭한 직장에서도 로봇처럼 그저 기계적으로 일하는 사람이 있다.

의사, 변호사, 판사, 검사, 고위 공무원들 중 직업으로부터 가치와 의미를 찾는 사람이 몇이나 될까? 안타깝지만 모두가 부러워하는 직업을 갖고 있으면서도 의외로 그 일에서 가치와 의미를 찾지 못하는 경우가 더 많다. 내 주변에는 대학교수라는 자리에서 스스로 물러난 사람도 있다. 그는 학교를 그만두기 전에 교수라는 직업에서 의미를 찾지 못하겠다는 말을 자주 했다. 남들이 부러워하는 일이라고 해서 반드시 가치와 의미를 찾을 수 있는 건 아니다.

사실 가치와 의미를 찾는다는 것은 일의 종류와는 상관이 없다. '직업에 귀천이 없다'는 말도 결국은 '비전이 있는 자에게는 직업에 귀천이 없다'는 뜻이다. 삶에서 가치와 의미를 찾은 사람한테는 남들이 초라하다고 생각하는 직장에서의 8시간도 결코 초라하지 않다.

예전에 미국의 어느 타이어 공장에서 맥스라는 노동자를 만난 적이 있다. 그는 일을 시작한 지 2년도 채 안 된 젊은이였고 대학을 나오지도 않았다. 그런데 사람들이 견학을 오거나 거래처 직원들에게 공장 시설을 설명해야 할 일이 생기면 늘 맥스가 나서곤 했다.

"왜 저 사람이 안내를 하나요?"

내가 묻자 사장은 이렇게 말했다.

"공장 구석구석을 손바닥처럼 훤히 아는 친구는 맥스뿐이거든요."

사장은 자기 공장에서 맥스만큼 유능한 일꾼도 없다고 말했다. 타이어 공장의 노동자라면 누구나 단순 노동만 하는 블루칼라로 생각하지만 맥스의 경우는 달랐다. 그의 하루는 결코 시시하고 무미건조하게 흘러가는 법이 없었다. 그는 자기 일을 한껏 즐겼고 또 그만큼 일도 잘했다. 제품이 하나씩 완성될 때마다 그는 행복하다며 늘 싱글벙글했다. 여기서 맥스는 누구보다 의미 있고 가치 있는 일을 하는 장인이었다.

간혹 자기가 하는 일에 대해서 돈벌이를 위한 임시방편이라고 여기는 사람이 있다. 비전이 없는 사람에게는 모든 직업이 늘 임시방편이기 쉽다. 그러다 결국 돈을 버는 것만이 삶의 목적으로 굳어져버린 사람도 많다. 물론 돈은 많은 것들을 수월하게 만들 수 있다. 어쩌면 가치와 의미를 찾거나 지혜, 자유, 평온을 얻는 데 있어서도 남보다 훨씬 유리할 수 있다. 그러나 역설적으로 돈 때문에 가치와 의미의 필요성을 느끼지 못할 수도 있다. 돈으로부터 가치와 의미를 찾을 수 있다면 부자의 삶은 놀라울 만큼 달라질 테니 말이다.

L씨는 월 30억 원씩 벌어들이던 재미 사업가였다. 그런 그녀가 어느 날 모든 것을 훌훌 내던지고 한국으로 돌아왔다.

"갑자기 허무한 느낌이 드는 거예요. 이렇게 돈만 벌다가 죽는 게 인생은 아니잖아요. 그러다 보니 '나는 왜 태어났나?' 하는 철학적인 질문과 마주하게 됐죠."

이런저런 고민 끝에 그녀가 얻은 답은 '남을 위해, 세상을 위해 살고 싶다'는 것이었다. 말하자면 삶의 전환점에서 비로소 비전을 세운 셈이다. 이에 따라 지금껏 성공적으로 운영하던 사업도 자연스럽게 그녀의 비전을 위한 전략이 될 것이다.

사실 어떻게 보면 크게 달라지는 건 없다. 한국에서도 그녀는 여전히 미국에서 하던 사업을 계속 이어갈 테니까. 하지만 이제 그녀는 비전이 있는 삶을 살게 되었다. '가치와 의미를 찾고 싶다'고 말하는 것부터가 큰 변화이기 때문이다. 지금까지 하던 일은 똑같다 할지라도 그녀의 사업은 이제부터 가치와 의미가 있는 사업이며 그 내용 역시 많이 달라질 것이다. 고객을 대하는 태도도 달라지고 행복을 찾는 방식도 달라질 것이다. 만일 행복, 가치, 의미라는 단어가 비현실적으로 느껴진다면 나는 그녀의 사례를 기억하라고 권하고 싶다.

"월 30억 원을 벌어들이면서 난데없이 '나는 왜 태어났나?'라고 묻다니 너무 비현실적인 거 아냐?"

이렇게 비꼬는 사람도 있었다. 혹시 여러분도 그렇게 생각하는가? '나는 왜 태어났나?'라는 철학적 질문을 과연 비현실적이라고 비판할 수 있을까? 그렇다면 적어도 한 달에 30억 원 이상을 벌어들인 다음에 그녀를 비현실적이라고 비판해야 한다. 삶을 우습게 봐서는 안 된다. 삶은 그렇게 단순하지 않다. 행복, 가치, 의미라는 단어를 멀리하는 삶이 얼마나 무모한지 몰라서 그런 것이다. 제발 공상에서 벗어나 인간을 직시하자.

⚜

군대에서 행해진 유명한 실험 가운데 '참호 메우기'가 있다. 참호를 판 뒤에 다시 메우는 것인데 참가자들은 그 일이 가장 고통스러웠다고 대답했다. 이와 비슷한 예로 시베리아 어느 형무소의 죄수들 사이에서 가장 끔찍한 형벌로 손꼽히는 것이 바로 벽돌 옮기기였다. 무거운 벽돌을 한쪽으로 모두 옮긴 다음 다시 원래 자리로 옮겨놓는, 그야말로 시시포스(Sisyphos, 그리스 신화에 나오는 코린토스의 왕)가 받은 형벌처럼 끝도 없이 되풀이되는 무의미한 동작이었다.

참호 메우기나 벽돌 옮기기는 아무리 노력해서 한다고 해도 그 의미를 찾을 수가 없다. 만일 참호를 메우지 않고 계속 판다면 어떨까? 완성된 참호의 숫자가 늘어나기 때문에 거기에서 충분히 의미를 찾을 수 있을 것이다. 벽돌을 옮겨 벽을 세우거나 건물을 짓는다면 그것 역시 가치 있는 일이 된다.

일과 공부는 재미없다. 원래 재미없어서가 아니라 거기에서 찾을 수 있는 가치와 의미를 우리가 그냥 지나치기 때문이다. 가치와 의미를 발견할 수만 있다면 그 순간부터 재미가 생겨날 것이다. 모든 일이 그렇다. 농사가 지겨운 농부는 불행하다. 그러나 씨를 뿌리고 거름 주고 수확하는 데서 의미를 찾는다면 그는 행복하다. 농사일을 즐거워하는 농부와 같다면 전원주택에 사는 은퇴자는 전원생활이 즐겁겠지만 농사일을 지겨워하는 농부와 같다면 전원생활도 직장 생활처럼 지루할 것이다.

공부도 마찬가지다. 공부가 재미있다고 하는 학생은 거의 없을 것이다. 언젠가 공부가 재미없고 성적이 형편없어서 고민이라는 학생에게 나는 내가 경험했던 이야기를 해주었다. 박사 학위 논문을 쓸 때까지만 해도 나 역시 공부가 재미없어 고민이었다. 그런데 이상하게도 박사 학위를 마친 뒤부터 공부가 슬슬 재미있어졌다. 왜 그랬을까? 지금 생각해보니 몇 가지 이유가 있었다.

첫째, 숙제, 시험, 성적 따위에서 해방되었기 때문이다. 논문을 쓰기 위해서가 아니라 오로지 내가 하고 싶은 공부를 마음껏 할 수 있어서 좋았다. 그저 내가 원하는 주제를 마음대로 선택해 읽고 싶은 책만 읽을 수 있고 쓰고 싶은 글만 쓴다는 그 자유가 좋았다

둘째, 세상을 좀 더 잘 볼 수 있다는 사실이 뿌듯했다. 책을 읽고 사고를 거듭할수록 다른 사람들의 방식과는 달리 좀 더 정확하고 깊이 있게 세상을 볼 수 있어서 좋았다. 더불어 내가 학군을 통해 의미 있는 일을 하고 있다는 점에서 나름의 가치와 의미를 찾을 수 있었다.

셋째, 그저 놀기만 하는 것보다 공부를 하고 난 뒤에 노는 것이 훨씬 더 재미있다는 평범하지만 놀라운 사실을 깨달았기 때문이다. 그러다 보니 공부하는 시간이 휴식과 놀이의 사전 정리 작업처럼 느껴지면서 결국 공부도 즐겁고 노는 것도 즐거워졌다.

생각을 조금만 달리 하면 공부라는 '중노동'도 전혀 다른 차원으로 변한다. 얼마 뒤 그 학생이 다시 찾아와 이제 공부가 재미있어졌다고 말했다. 무엇보다도 성적이 올랐다며 즐거워했다 내가 옆에서 느낀 건 그 학생의 마음 상태가 전보다 더 편안해졌다는 점이었다. 마음이 편안해져서 공부가 재미있어진 것인지, 공부가 재미있어져서 마음이 편안해진 것인지 분석할 필요는 없다. 왜냐하면 이 둘은 서로서로 원인이고 결과일 수 있기 때문이다.

그럼에도 공부나 일에서 도저히 가치와 의미를 찾을 수 없다면 어떻게 해야 할까?

첫째, 공부나 일 이외의 것으로부터 가치와 의미를 찾아보라. 어떤 사람이 색소폰을 배운 뒤부터 직장 생활이 즐거워졌다는 글을 읽은 적

이 있다. 운동을 시작하면서부터 삶의 모든 것이 달라졌다는 사람도 있다. 절에 다니거나 교회에 다니면서 인생이 즐거워졌다는 사람도 많다.

둘째, 차라리 완전히 집중해보는 것이다. 번뇌를 버리고 집중하게 되면 일, 공부 자체가 가치와 의미를 띠면서 다가오게 된다. 물론 이러한 집중이 쉽진 않다. 그러나 도저히 일, 공부 자체로부터 가치와 의미를 찾을 수 없다면(나는 이 말을 믿지 않지만) 이것이 마지막으로 시도해볼 만한 방법이다. 즉 일을 하는 자기 자신을 관찰하면서 일을 하는 것이다. 만약 다른 생각이 떠오른다면 금방 알아차리면 된다. 다른 생각은 저절로 사라진다. 다시 또 엉뚱한 생각이 떠오른다면 그 생각을 알아차리면 된다. 이러한 과정을 통해 일에 집중할 수 있으며 마음도 점점 편안해질 것이다. 아무리 하찮은 것조차 즐겁게 느껴질 것이다.

셋째, 적극적으로 임하라. 초라한 직장, 보잘것없는 부서라 할지라도 지금 몸담은 곳에서 주도적 역할을 해보라. 하찮은 일에도 적극적으로 임하며 자기가 맡은 일을 완수하고 다른 사람이 하는 일을 도와줘보라. 어느새 자기 조직의 중심이 되어 있을 것이다. 좋은 변화가 모두 나를 중심으로 일어난다고 생각해보라. 진정 뿌듯하지 아니한가.

좋은 기회와 나를 위한 기회는 다르다

"선생님, 좋은 기회가 생겼어요. 저한테도 좋지만 사회에도 좋은 일이에요."
"그럼 계속 하던 공부는 어떻게 하고?"
"고시 공부도 중요하지만 이건 정말 쉽게 오지 않는 좋은 기회거든요."
"그럼 앞으로도 그 '좋은 기회'라는 게 오면 또 덥석 물겠네? 오히려 공부할 수 있는 지금이 더 좋은 기회가 아닐까?"

나는 미국에서 공인회계사 자격증을 취득했다. 사실 이 자격증은 학자의 길에는 별 도움이 되지 않는다. 그래도 나는 뭔가 도움이 될 거라고 생각했다. 경영학 교수가 공인회계사 자격증까지 갖고 있으면 보다 경쟁력이 있어 보일 거라는 생각에 막연히 스펙을 하나 더 쌓은 것이다. 결론적으로 이 스펙은 나의 미래에 별로 도움이 되지 않았다. 박사를 마치고 텍사스 대학(오스틴 캠퍼스)의 경영대학원 교수로 지원할 때 도움이 되지 않은 데다, 어떤 교수는 나더러 왜 공인회계사 자격을 취득했느냐고 의아해 하기도 했다. 공인회계사로 활동하지도 않을 거면서 왜 구태여 시험을 봤느냐는 것이다.

공인회계사 시험에 합격하기 위해서는 학교 공부와는 별도로 또 공부를 해야 한다. 대학원 학생으로서는 어떻게 보면 시간 낭비인 셈이다. 한국에 돌아와서도 이 자격증은 전혀 도움이 되지 않았다. 물론 사람들이 이력서를 보고 '이 사람은 공인회계사 자격증이 있구나'라고 약간 다르게 평가할 수도 있겠지만 학자의 길에는 무용지물이나 마찬가지였다. 좋다고 무조건 할 일이 아니다. 내 비전과 전략에 맞춰 보면 공인회계사는 정말이지 필요하지 않은 자격증이었다.

현대인은 욕망이 이끄는 대로 너무 많은 것을 가지려고 한다. 그러다 보니 과거에 비해 훨씬 복잡하고 바쁜 삶을 살 수밖에 없다. 하지만 눈코 뜰 새 없이 바쁘게 사는 사람일수록 잠시 멈춰 서서 무엇이 중요한 일인가를 생각해봐야 할 것이다. 아무리 좋은 일, 좋은 기회라 해도 나의 비전과 전략에 부합하지 않는다면 거절해야 마땅하다. 사실 비전과 전략을 세운다는 것은 내가 해야 할 일, 나를 위해 선택한 일, 내가 집중해야 할 일을 위해 다른 것을 포기한다는 의미이다. 뭐든지 쉽게 포기만 하는 사람에겐 미래가 없지만, 가장 중요한 것을 남겨 놓고 나머지를 포기하는 사람에겐 확실한 미래가 있다.

비전과 전략이 불투명할수록 무엇이 내게 좋은 일이고, 무엇이 버려야 할 일인지 제대로 구분하기 어렵다. 그래서 사람들은 일단 덥석 물고 본다. 하지만 좋은 일과 좋은 기회를 모두 취하려다 보면 시간과 노력의 한계에 부딪혀 하나도 제대로 되는 것이 없다.

사업을 하던 사람에게 정치를 할 기회가 왔다고 해서 덥석 잡아야 할까? 그의 비전과 전략이 사업에서 정치로 전환하는 내용을 포함하고 있다면 그것은 좋은 기회다. 하지만 그저 또 다른 욕망 때문이라면 그것은 결코 필요한 기회가 아니다. 반대로 정치가에게 사업을 해볼 기회가 생겼다면 기꺼이 받아들여야 할까? 자신의 비전과 전략이 정치가에서 사업으로 전환할 내용을 포함하고 있지 않다면 그것 역시 좋은 기회가 아니다.

세상에는 훌륭하고 좋은 일, 좋은 물건이 너무나 많다. 아쉽지만 좋은 물건을 모두 구입할 수는 없듯이 훌륭하고 좋은 일도 전부 다 할 수는 없다. 나에게도 좋은 일을 함께 해보자고 제안하는 사람이 많다. 대부분 하고 싶기도 하고 또 유익하고 훌륭한 일들이다. 그러나 그것들을 모두 승낙했다면 아마 나는 지금쯤 제대로 한 것이 하나도 없었을 것이다.

굳이 비전과 전략을 세우지 않아도 삶의 수많은 갈림길 앞에서 머뭇거림 없이 잘 선택할 거라고 생각할 수도 있다. 그러나 생각보다 훨씬 많은 사람들이 너무나도 어리석은 선택을 굉장히 자주 한다. 어떤 사람은 그런 시행착오를 거듭한 나머지 평생을 허덕이며 살아가기도 한다. 비전과 전략은 삶의 과정에서 끊임없이 되돌아봐야 할 원점이자 행복과 가치를 지키는 위대한 힘이다. 비전과 전략이 부재한 삶은 그래서 늘 위태로울 수밖에 없다.

비전과 전략을 항상 염두에 두고 사는 사람은 아무리 좋은 일이라도 무작정 선택하지 않는다. 선택해야 할 대상만을 놓고 이해관계를 따지는 습관에서 벗어나야 한다. 다시 말해 '좋으면 무조건 해야지'라는 착각에서 벗어나야 한다는 것이다.

이제부터
무엇을
할 것인가

. 4 .

인생도
공부하고 연습해야 한다

"사는 게 힘들다, 힘들다 하지만 정말 이렇게 힘든 줄은 몰랐어요."
"그래서 인생에 대해서도 공부하고 연습해야 해."
"공부와 연습이요? 사는 건 그냥 사는 거잖아요. 공부와 연습이란 말은 처음 들어봐요."
"학교에서는 그렇게 많이 공부하면서 정작 인생에 대해서는 아무런 공부와 연습도 하지 않고 그냥 살아가려고 하는 건 좀 이상하지 않아?"

한국에서 고등학교를 졸업한 젊은이들은 이미 몸과 마음이 지친 채로 대학에 입학한다. 이런저런 이유로 대학에 들어가지 못한 젊은이들은 더 큰 좌절을 겪는다. 또 명문 대학에 들어가지 못하면 평생 불리한 조건을 안고 살아야 한다. 나는 서울 소재 대학의 지방 분교 두 군데에서 강의를 한 적이 있는데, 지방 분교 학생들의 가장 큰 소망은 서울 본교의 학생이 되는 것이었다. 정작 서울 본교의 학생들은 자기 학교보다 더 좋은 대학의 학생들을 부러워하는데도 말이다. 그렇다면 서울대학교 학생들이 가장 행복한 삶을 살고 있을까? 사실 서울대생들도 그다지 행복하지는 않다.

요즘 젊은이들은 과거에 비해 영어도 잘하고, 훨씬 더 잘 생기고, 윗세대보다 합리적인데도 오히려 더 불행하다. 무한 경쟁 속에서 수많은 스트레스와 좌절을 겪으며 신음하고 있다. 옆에서 가만히 지켜보면 마치 무섭고 거대한 괴물에 쫓기는 것만 같다. 지금의 청춘들은 보이지 않는 거대한 힘에 저항조차 하지 못한 채 불안해하면서 사회의 거센 파도에 이리저리 휩쓸려 다닌다. 당연히 삶의 행복에 대해 생각할 겨를은 없다. 눈앞에 닥친 생존의 문제부터 해결해야 하기 때문이다. 생존의 문제를 해결하지 못하면 우리는 당연히 위험에 빠지고, 위험은 행복을 돌볼 여유마저 앗아간다.

보건복지부 통계에 따르면 우리나라 인구 10만 명당 자살 사망자는 2007년 23.9명에서 2009년 31.0명, 2011년 31.7명으로 지속적으로 늘어났다. 이는 OECD 34개 회원국 가운데 가장 높은 수치다. 특히 20대와 30대의 사망 원인 중 자살은 각각 40.7%, 28.7%로 가장 높은 비중을 차지했다. 심하게 표현하면 우리 사회가 젊은이들을 죽음으로 내몰고 있는 것이다. 그런가 하면 정신 질환을 앓는 대학생이 상당수라는 연구 결과도 있다. 한국의 성인 6명 가운데 한 명이 정신 질환을 앓고 있다는 통계도 있다(보건복지부는 2013년부터 우울증을 국민건강보험공단 정기 검진에서 진단한다고 한다).

이 고통스러운 삶에서 벗어나려면 어떻게 해야 할까? 사회가, 세상이 바뀌기만을 기다릴 수는 없다. 우리는 이런 상황 속에서도 행복에 대해 생각해야만 한다. 도저히 행복해질 것 같지 않은 상황일수록 우리는 세상 속에서 자신이 서 있는 위치를 있는 그대로 볼 수 있어야 한다.

반복되는 고통에서 벗어나려면 탈출하는 방법이 필요하다. 그렇기 때문에 더욱 인생의 밑그림이 필요하다. 사회적 약자를 끝없이 고통으로 내모는 험한 세상 속에서 날마다 소극적·상식적·기계적인 삶을 살아간다면 결국 불행으로 치달을 수밖에 없다. 그러니 지금 우리가 취할 수 있는 최소한의 행동은 인생에 대한 공부와 연습뿐이다. 인생에 대한 공부와 연습은 그야말로 최소한의 노력이다. 하루 종일 앉아서 인생에 대해 공부하고 연습하라는 얘기가 아니다.

우리는 학교에서 많은 공부를 한다. 영어, 수학, 과학, 정치, 경제, 문화, 예술, 체육……. 우리가 배우는 이렇게나 다양한 과목 중에 인생학이란 학문은 없다. 인생은 어렵고 많은 사람들이 실패를 경험할 뿐만 아니라 평생 공부해도 부족한데 어째서 가르치고 배우려는 시도조차 하지 않을까? 학교에서 배우는 과목들은 모두 인생과 연관되어 있지만 그 누구도 그것을 체계화해 인생에 적용하지 않는다.

'인생은 배울 수 없는 것이고 오직 체험에 의해서만 터득할 수 있을 뿐'이라는 주장도 위험하다. 왜냐하면 인간의 능력은 매우 제한적이라 개인의 단편적인 경험만을 분석하고 결론 내린다는 것은 돌팔이 인생학에 불과하기 때문이다.

인생학을 '인생에 대해 과학적·철학적으로 연구하는 학문'이라고 정의해보자. 인생을 제대로 배우려면 주먹구구식 논리나 단편적인 자기 경험에 근거해서는 안 되며 수많은 과학적 연구 결과를 참고해야 한다. 즉 생물학적이고 심리학적인 존재로서의 인간을 알아야 하고 세상의 흐름을 파악해야 한다. 세상의 흐름을 알기 위해서는 사회 과학을 공부하고 인터넷과 언론을 통해 중요한 정보를 얻어야 한다.

그러나 이러한 과학적 접근 방법만으로는 아직 부족하다. 인생에 대한 견해는 지극히 주관적이며 개인의 가치가 개입되는 선택의 영역이기 때문에 인생을 제대로 배우려면 철학적인 성찰과 자기 주관에 의한 현명한 결정이 필요하다. 따라서 철학의 문제, 윤리의 문제, 종교의 문제에 대한 연구와 고민을 병행해야 한다. 또한 역사와 문학으로부터 인생에 대한 교훈과 영감을 얻을 수 있으니 인문학도 필요하다. 결국 사회 과학, 자연 과학, 인문학(철학, 역사, 문학 등)을 통해 보다 체계적이고 종합적으로 인생에 접근해야 하는 것이다.

대학 입학을 위해, 취업을 위해 치열하게 공부했던 노력의 10분의 1만이라도 인생 공부에 투자해보자. 마치 테니스와 골프를 연습하듯 인생도 공부하고 연습한다면 결국엔 암울한 삶에서 탈출할 수 있다. 10분의 1의 시간과 노력마저도 쏟지 않는다면 우리의 삶은 결코 바뀌지 않는다.

삶이 아무리 고통스러워도 그저 비관만 하면 아무 소용이 없다. 원래 삶이란 고통스럽다. 인간의 욕망에 비해 우리가 할 수 있는 일이 너무나 작기 때문이다. 하지만 사방이 가로막힌 고통스러운 삶에도 분명 돌파구는 있다. 만일 죽음의 정글에서 탈출하려는 사람 앞에 '불가능한 길'과 '어려운 길'이 있다면 그는 어느 길을 택할까? 불가능하지만 않다면 어려운 길이라도 있다는 게 얼마나 다행인가? 가능하기만 하다면 아무리 어려워도 담담하게 해볼 여지가 있다. 어떻게 보면 아주 쉽지 않은가.

인생에 대한 공부와 동시에 좋은 습관을 익히기 위한 연습도 필요하다. 좋은 습관은 비전과 전략을 실행할 때 큰 도움이 되기 때문이다. 좋은 습관 중에서도 가장 중요한 것은 '변화하는 습관'이다. 모든 것은 변하고 세상도 쉬지 않고 변하기 때문에 나 역시 끊임없이 변화해야 한다. 늘 변화하는 습관을 지닌 사람은 세상의 변화에 쉽게 적응할 수 있다. 오랫동안 변한 것이 없다면 그것만으로도 변화의 이유가 된다. 불행의 패턴을 행복의 패턴으로 바꾸기 위해서도 우리는 변화해야 한다. 연습은 행동을 수반한다. 마음이 행동을 바꾼다고들 하지만 사실은 행동이 마음을 바꾸는 경우가 더 많다.

나는 군대 시절 명령과 무조건 이행이라는 극단적인 상황 속에서 많은 사람들이 성실해지는 사례를 수차례 목격했다. 가령 총기 점검은 성실하게 하지 않으면 큰 사고로 이어지기 때문에 아무리 불성실한 사람이라도 어쩔 수 없이 성실하게 임무를 완수해야만 한다. 한 사람의 나태한 행동이나 실수가 연대 책임으로 돌아오기 때문에 그 누구도 부지런해지지 않을 수 없다. 그렇게 몇 개월 동안 성실한 행동을 반복하다 보면 일상의 다른 업무에 대해서도 조금 더 성실해진다.

이 체험을 통해 나는 인생에도 연습이 필요하다는 사실을 깨달았다. 적극적인 행동을 하면 점점 더 적극적인 성향의 사람이 된다. 강제로라도 부지런한 생활을 하면 부지런한 사람이 된다. 반복하는 행동은 습관이 되고, 습관은 몸과 마음에 영향을 미친다. 그래서 인생이란 어떤 연습을 얼마나 했느냐에 따라 얼마든지 바뀔 수 있는 것이다.

나는
운동 예찬론자다

"요즘 자신감이 자꾸 줄어드는 것 같아요. 의욕도 없고 용기도 안 생겨요."
"운동은 자주 해?"
"운동할 기력도 없고, 또 운동한다고 해서 뭐가 달라지겠어요?"
"아니야, 운동을 하면 모든 게 되살아날 거야. 자신감도 생기고, 의욕도, 용기도 생겨나. 게다가 머리까지 좋아질 걸?"

방 안 공기가 탁하다고 느낄 때 우리는 창문을 연다. 신선한 공기가 들어와 묵은 공기를 빼내기만 해도 기분이 달라진다. 마찬가지로 몸과 마음이 타성에 젖어 있을 때 나는 밖으로 나가 운동을 시작한다. 몸과 마음을 환기시키는 데 운동만한 것이 없기 때문이다.

유학 시절 내가 살던 기숙사 바로 옆에 미식축구 경기장이 있었다. 바닥이 푹신푹신해서 조깅하기에 딱 안성맞춤이었다. 매일 밤 달리기하고 돌아와 미지근한 물에 샤워를 한 뒤 시원하게 맥주 한 캔을 마시고 나면 공부가 그렇게 잘 될 수가 없었다(운동 뒤에 술을 마시는 게 위험하다는 걸 나중에야 알았다). 지금도 나는 일주일에 네 번 이상 수영이나 기구 운동을 꾸준히 하고 있다. 2006년부터 2년간 정부혁신 위원장직에 있을 때도 출근하기 전에 반드시 아침 운동하는 습관을 유지했다.

나는 운동 예찬론자다. 운동이 즐거워서이기도 하지만 운동으로 인해 삶의 여러 분야를 균형 있게 조화시킬 수 있기 때문이다. 가벼운 운동조차 하지 않으면서 삶을 바꿔보겠다는 사람을 만나면 나는 무조건 운동부터 시작하라고 권한다.

몸을 전혀 움직이지 않던 사람의 경우 막상 운동을 시작하면 처음에는 졸리고 나른해진다. 하지만 몇 주일만 지나면 운동이라는 새로운 습관에 몸과 마음이 적응하고, 그때부터 오히려 집중력이 생겨 운동하는 시간 이상의 효과를 얻을 수 있다.

'그럴 시간이 어디 있어? 운동할 시간에 한 자라도 더 들여다봐야지'라고 생각한다면 크나큰 착각이다. 삶이 힘들고 어려울수록 비전과 전략을 점검해야 하듯 시간이 부족해 스트레스가 쌓일수록 하루 30분이라도 운동하는 시간을 가져야 한다. 늘 바쁘고 시간에 쫓기는 사람들을 가만히 들여다보면 시간을 효율적으로 쓰지 못하는 경우가 많다. 사실은 시간이 모자라서 스트레스를 받는 게 아니라 스트레스 때문에 늘 시간이 부족한 것이다. 그러다 보니 맑은 정신이라면 한 시간에 끝낼 일을 두 시간, 세 시간에 걸쳐 하면서 시간이 없다고 한탄하는 것이다. 운동하는 습관을 가진 사람들은 운동이야말로 시간을 가장 효율적으로 쓸 수 있게 한다는 사실을 알고 있다. 머리가 꽉 막혔을 때는 머리가 아닌

몸으로 풀어야 한다.

　서울의 한 고등학교에서 학생 한 명당 무조건 체육과 예술 분야에서 한 종목씩 선택해 활동하는 '1인 2기'를 운영한 결과 체력 지수가 전반적으로 향상되었다고 한다. 여기서 주목할 점은 학생들의 평균 학과 성적도 눈에 띄게 좋아졌다는 것이다. 게다가 학생들의 스트레스가 줄어든 것은 물론, 스스로 동기 부여를 하며 자발적으로 공부하는 학생들이 많아졌다고 한다. 공부해야 할 학생들이 의무적으로 하루 1시간 반 이상 운동을 하는 것에 크게 반발하던 학부모들도 그제야 운동의 중요성을 깨달았다.

　몸으로 하는 운동은 신체 건강뿐 아니라 더 나은 인생을 위한 가장 좋은 연습이다. 운동을 하면 사고에 균형 감각이 생기고 품성도 좋아진다. 신체 균형이 잡히면 자신감이 생기고 책상 앞에 오래 앉아 있어도 피로를 덜 느끼며 짜증도 덜해진다. 또한 운동을 하면 머리에 혈액이 충분히 공급되기 때문에 사고력도 좋아진다. 아리스토텔레스는 제자와 함께 걸으며 많은 토론을 했는데, 이를 '소요학파'라고 불렀다. 칸트의 철학은 산책에서 나왔으며 케네디는 하버드 재학 시절 아무도 못 말리는 운동광이었다.

　미국 대학생들은 밤샘 공부를 밥 먹듯이 쉽게 생각한다. 며칠씩 잠을 안 자도 여전히 팔팔한 그들을 보며 진화가 덜 되었나라는 생각을 한 적도 있었다. 서양인이라서 체력이 좋은 건 아닐까 생각했지만, 사실은 어릴 때부터 다져진 운동 습관 때문이었다. 자녀를 미국 사립학교에 조기 유학 보냈더니 너무 튼튼해져서 돌아왔다며 놀라는 부모들도 많다. 미국 학교는 학생들에게 매일 두 시간씩 의무적으로 운동을 시킨다. 여행을 갈 때도 조깅화를 반드시 챙긴다는 미국인들에게 운동은 그야말로 가장 중요한 경쟁력인 셈이다.

나는 우리나라 학생들에게도 유치원부터 고등학교를 졸업할 때까지 적어도 매일 1시간씩 운동을 시켜야 한다고 생각한다. 점수를 매기면 내신 성적을 올리기 위해 과외를 할지도 모르니 체육만큼은 누구나 열심히 하기만 하면 합격 점수를 주는 Pass(통과), Fail(실패)로 평가하면 좋을 것이다.

오늘날 많은 젊은이들이 아르바이트를 하며 정신없이 살고 있다. 이들은 따로 시간을 내서 운동할 여유가 없다. 그러니 서서 근무할 때 다리 운동을 하거나 앉아서 일할 때 상체 운동을 하는 방식으로 틈틈이 운동을 하면 된다. 조금이라도 짬이 나면 운동을 하자. 그래야 삶과 정신이 조금이라도 더 나아질 수 있다. 세상의 모든 핑계 중에서 가장 명백한 거짓말이 '운동할 겨를이 없다'는 말이다. 대학 시절 나의 은사님은 민주화 운동으로 인해 여러 번 감옥신세를 지셨는데 겨우 누워 잘 수 있는 좁은 독방에서도 꾸준히 운동을 하셨다고 한다.

일주일에 서너 번 이상 운동을 하면 성실성, 인내심, 열정, 사고력, 인격, 균형 감각, 자신감을 얻을 수 있다. 나에게 무엇이 좋은가를 알면 당장 실천해야 한다. 운동은 비전과 전략을 수립하고 실천하는 데 있어 가장 기본적인 동력이다. 몸은 전혀 움직이지 않으면서 그저 책상머리에 앉아 삶이 저절로 바뀌기를 바라는 사람은 몽상가에 불과하다.

마음 근육을 키워라

"아무리 결심해도 며칠을 가질 못해요. 마음은 그렇지 않은데 실천하기가 너무 힘들어요."
"그래서 마음에도 운동이 필요한 거야. 운동으로 마음의 근육과 뼈를 튼튼히 만들어야 해. 알람이 울리면 1분 내에 일어날 수 있어?"
"아뇨, 못 일어나요."
"1분 내에 일어나는 사람이 21세기의 영웅이야."

살을 빼겠다고 결심하면서도 손에 든 햄버거를 놓지 못하는 사람, 담배를 끊어야지 하면서도 여전히 담배를 물고 있는 사람, 다음 날 숙취로 고생할 걸 알면서도 술잔을 내려놓지 못하는 사람……. 우리는 뻔히 후회할 줄 알면서도 여전히 똑같은 일을 되풀이한다. 비싼 옷과 가방을 산 다음 카드빚을 갚기 위해 몇 주일 동안 밤낮으로 일하면서 '내가 왜 그랬을까, 내가 미쳤었나 봐' 하고 후회한다.

가슴에 상처가 될 줄 알면서도 상대방에게 심한 말을 내뱉기도 하고 늦잠을 자면 큰일 난다는 사실을 알면서도 알람 소리에 깨지 못한다. 안과 의사들은 50분 공부하면 10분간 눈을 쉬게 하라고 권하지만 학생들은 거꾸로 10분 공부하고 50분간 쉰다. 그러다가 시험이 임박하면 10분간 휴식은커녕 몇 시간이고 책에서 손을 떼지 못한다. 대부분의 사람들은 자기에게 무엇이 좋은지, 무엇이 나쁜지 잘 알면서도 실천하지 못하고 후회를 일삼는다.

인간은 후회할 일을 꾸준히 만들면서 살아가는 존재이며 인생이란 후회할 일의 목록일지도 모른다. 그래서 나는 후회할 일을 다시는 되풀이하지 않는 사람이야말로 21세기의 영웅이라고 생각한다. 21세기의 영웅은 나폴레옹이나 칭기즈 칸처럼 말을 타고 대륙을 누비는 사람이 아니다. 욕심 많고 미묘하고 복잡하고 까다로우며 도대체 종잡을 수 없는 자기 몸과 마음을 관리하고 극복할 수 있다면 그는 자기 삶의 영웅이 될 수 있다. 알람이 울릴 때 벌떡 일어날 수 있는 사람이야말로 영웅이다. 면접을 볼 때 '저는 알람이 울리면 1분 이내에 일어납니다'라고 자기소개를 해보라. 아주 깊은 인상을 남길 수 있을 것이다. 이런 것들을 잘 실행하는 사람이 영웅이다. 하지만 아무리 큰 결심과 다짐을 해도 사흘을 채 못 넘기는 사람들이 대부분이다.

인간은 의지보다는 욕망이 더 강한 탓에 다짐과 결심만으로는 안 되는 부분이 많다. 그렇기에 연습을 통해서 몸과 마음에 변화를 일으켜야 한다. 여기서 변화란 신경 회로의 배선과 호르몬이 달라진다는 뜻이다. 우리가 아무 노력 없이 기계적이고 단순 반복적인 삶을 살면 신경 회로와 호르몬은 끊임없이 나쁜 방향으로 변한다. 반대로 좋은 사고와 행동을 하면 할수록 신경 회로와 호르몬도 거기에 맞춰 변한다.

행동은 당연히 뇌신경 회로와 호르몬에 영향을 미치지만 최근에는 생각만으로도 변화를 불러일으킬 수 있다는 연구 결과가 속속 등장하고 있다. 사실 몸과 마음은 둘이 아니다. 몸과 마음을 구분 짓는 이분법은 잘못된 것이다. 여기에서 마음이란 단어는 몸과 구분되지 않는 마음을 말한다. 따라서 '몸-마음' 혹은 '마음-몸'이지만 우리가 통상 정신적 현상으로 이해하는 부분만을 마음이라 부르기로 한다.

마음은 뇌신경 회로의 작용과 떨어질 수 없고 뇌신경 회로는 몸의 일부이기 때문에 마음과 몸을 서로 구분하기는 어렵다. 몸과 마음은 별개로 존재하지 않으며 양쪽에서 볼 때만 각각 나뉠 뿐이다. 따라서 신경 회로에서 일어나는 전기 작용은 우리의 마음과 관련이 있으며 몸의 작용과 분리할 수 없다.

몸이 없으면 감정을 느낄 수 없다. 몸과 느낌은 구분될 수 없으며 느낌에서 감정이 생겨난다. 그리고 감정은 또 다른 생각을 낳는다. 그런 의미에서 '마음이 몸을 통제할 수 있다'는 생각도 잘못된 견해이다. 그렇다고 몸이라는 실체가 마음을 만든다고 보는 것 또한 맞지 않다. 자상하고 모범적이던 남자가 뇌를 다친 뒤부터 난폭하고 비이성적인 성향으로 급변한 의학적 사례가 있듯이 몸과 마음은 서로 구분될 수 없다. 몸과 마음은 단지 하나일 뿐이며 어떤 측면에서 보면 몸이고 어떤 측면에서 보면 마음이라고 하는 것이 타당하다.

몸과 마음을 나누는 이분법적 견해는 대개 마음을 소중하게 생각하고 몸을 하찮게 여긴다. 몸은 탐욕, 타락, 쾌락적 본능을 추구하는 것에 지나지 않지만, 마음은 고귀하고 이성적인 것이라 오해한다. 그런 나머지 몸을 혹사함으로써 정신적으로 높은 경지에 도달하려는 금욕주의로 귀결되기도 한다. 몸이 탐욕스러우면 마음도 깨끗할 리가 없다. 마찬가지로 마음이 탐욕스럽다면 몸도 탐욕스러울 것이다. 금욕주의적 견해로 몸과 마음을 분리하면 극단적인 쾌락과 극단적인 금욕만 남는다. 하지만 인생이란 극단으로 치닫는 것이 아닌, 나의 욕망과 어떤 관계를 맺을 것인가의 문제다. 쾌락과 금욕이라는 양극단을 떠나 모호함과 모순 속에서 가치와 의미를 찾는 것이 바로 중도적 삶이다.

인생은 온갖 문제와 마주치고 그것을 처리해 나가는 기나긴 과정이다. 번화한 도심 한복판에서 살건 산속 오두막집에서 혼자 살건 모든 인간에게는 크고 작은 문제들이 생겨난다. 그 문제들을 어떻게 처리하느냐에 따라 인생은 또 다른 방향으로 나아간다. 유토피아나 무릉도원이 현실에 존재하지 않듯이 '고민도 문제도 없는 평화로운 상태'란 애초에 없다. 사람들은 아주 작고 사소한 일조차 제대로 처리하지 못해 쉽게 흔들리고 무너진다. 살면서 직면하는 수많은 일들을 처리할 수 있는 능력은 몸과 마음의 운동을 통해 길러진다. 행동과 판단의 실수를 최소화하기 위해서, 그리고 사물과 현상을 있는 그대로 보기 위해서는 몸과 마음의 운동이 필요하다.

인간의 경험과 반복 훈련은 아주 낮은 강도라 할지라도 뇌의 신경 회로와 호르몬에 영향을 미친다. 신경 회로와 호르몬이 바뀌면 우리의 사고와 반응, 행동도 바뀐다. 우리는 날마다 조금씩 아주 쉽게 변할 수 있다. 이를 악물고 오랜 기간 동안 연습해야만 변할 수 있는 건 아니다. 같은 연습을 열 번 정도만 해도 달라질 수 있는데 그걸 못해서 실패를 반복하는 것일 뿐이다.

자연스러운 집중, 기분 좋은 대화, 행복한 생각, 고요한 명상, 음악과 미술 감상, 자연 관찰, 예술 활동, 독서 등은 모두 마음 운동이다. 몸의 변화를 관찰하는 것도 마음 운동이다. 심지어 마음의 변화를 관찰하는 것 역시 마음 운동으로 볼 수 있다. 험한 세상을 살기 위해서는 깊고 넓고 강한 마음이 필요하다. 몸에 하는 운동만큼 마음에도 운동을 해야 균형이 생기는 법이다.

습관의
나비 효과

"다들 창의력을 길러야 한다고 하는데 솔직히 창의력을 어떻게 기를 수 있다는 거죠?"
"문화 예술 활동을 해봐. 예술이 창의력을 길러주거든."
"예술이 창의력에 도움이 된다니……, 이해가 잘 안 되는데요."
"창의력 개론이나 중급 창의력 같은 과목을 들어본 적 없지? 창의력만 계발하기는 참 어려워. 그렇지만 다행히도 창의력을 기르는 데 문화 예술 활동이 가장 좋은 방법이라는 연구 결과가 있어. 이런 활동을 하면 즐겁기도 하지만 창의력도 기를 수 있으니까 그야말로 꿩 먹고 알 먹는 셈이지."

삶의 질을 높이고 인격 형성에 큰 도움이 되는데도 불구하고 사람들이 의외로 등한시하는 두 가지 활동이 있다. 첫째는 앞서 얘기했듯이 운동이고, 둘째는 문화 예술 활동이다. 몸이 건강하면 의료비가 적게 들고 공부나 일을 더 잘할 수 있듯이 문화 예술 활동도 경제적으로 도움이 된다. 감성이 발달하면 같은 돈으로도 옷을 더 잘 입거나 글을 더 잘 쓸 수 있으며 안목도 높아진다. 오늘날처럼 감성의 시대에는 보다 풍부하고 세련된 감성을 지닌 사람이 신상품 개발, 대중 호소력, 설득 등 여러 면에서 결정적으로 유리하다. 다시 말해 운동과 문화 예술 활동은 크게 세 가지의 중요한 강점을 갖고 있다. 첫째 삶의 질을 높여주고, 둘째 인격 형성에 도움이 되며, 셋째 경제적으로 이익이 된다.

1970년대 중반, 베네수엘라는 극심한 혼란을 겪고 있었다. 빈민층이 점점 늘어나면서 아이들은 책과 연필 대신 마약과 총을 손에 쥐었다. 수많은 아이들이 사춘기를 넘기지 못한 채 세상을 떠났다. 한 줄기 빛조차 보이지 않는 절망적인 상황이었다. 그런데 1975년부터 새로운 움직임이 생기기 시작했다. 빈민가 아이들에게 악기를 가르쳐 오케스트라를 조직한 다음 연주 활동을 펼치게 한 것이다.

이때부터 놀라운 변화가 일어났다. 그 어떤 교육이나 훈화로도 움직일 수 없었던 청소년들의 마음이 점점 희망을 향해 나아가기 시작한 것이다. 이것이 바로 그 유명한 '엘 시스테마(El Sistema)'이다. 이를 계기로 베네수엘라 전역에 102개의 청년 오케스트라와 55개의 유소년 오케스트라가 생겨났다. 단지 악기 하나를 쥐여주고 스스로 아름다운 선율을 연주하게 했을 뿐이었는데 결과적으로 음악 실력뿐만 아니라 삶 그 자체가 향상된 것이다.

음악, 미술, 문학 등 수준 높은 문화 예술 활동을 하면 즐겁고 인격 형성에도 도움이 된다. 경제가 어려워질수록 사람들은 책이나 문화 예술 활동의 지출을 가장 먼저 줄인다고 한다. 이것은 완전히 거꾸로 된 발상이다. 삶을 변화시킬 수 있는 길은 오히려 문화 예술에 있기 때문이다. 베네수엘라의 빈민가에서 기적이 이루어진 것처럼 말이다.

다행히 요즘은 음악, 미술 등 문화 예술 활동을 할 수 있는 비용이 과거에 비해 현저히 낮아졌다. 음악에 재주가 있는 사람은 악기나 노래를 배우고 시각적 재능이 있다면 그림, 조각, 공예, 사진 등에 관심을 가져볼 만하다. 약간만 부지런하면 젊은 시절에 문화 예술 방면의 특기를 한 가지 정도는 배울 수 있다. 음악을 듣기만 하는 것코다는 가능하면 악기나 노래를 배워 직접 연주하고 공연해보는 것이 좋다. 역시 좋은 미술 작품을 그저 감상하는 것보다는 가능하면 직접 그림을 그리거나 사진을 찍어 작품 활동을 해보는 것이 좋다. 문화 예술 활동을 즐길 때는 단순히 수동적인 감상자로서만 만족해서는 안 된다. 직접 체험함으로써 보다 실질적이고 적극적인 문화 예술의 수혜자가 되어야 한다.

평생 일을 하다 은퇴한 노인들은 많은 시간을 주체할 수 없어 고민한다. 어떤 노인 문제 전문가에 따르면 젊었을 때 문화 예술 활동을 활발하게 한 사람은 나이가 들어서도 여전히 삶의 질이 높다고 한다.

『습관의 힘(The power of habit)』이라는 책에 '핵심 습관'이란 용어가 나온다. 핵심이 되는 단 하나의 습관으로 인해 작은 변화들이 연쇄 반응을 일으켜 또 다른 좋은 습관들이 몸에 밴다는 내용이다. 만일 바꾸고 싶은 습관들이 무수히 많다면 그것을 바꾸기 위해 일일이 노력하기보다는 운동을 하거나 음악, 미술, 문학 등 문화 예술 활동을 하기를 권한다. 왜냐하면 그것만으로도 나비 효과가 일어나 삶의 커다란 부분까지 변화시킬 수 있기 때문이다.

평생의 멘토는
당신의 책꽂이에 꽂혀 있다

"필독서란 게 있잖아요. 최소한 그런 책들만큼은 읽어보려고 해요."
"읽기 싫어도 억지로 읽겠다는 말이야?"
"필독서니까요."
"필독서를 즐겁게 읽기 위해서는 다른 책을 먼저 읽어야 할 거야. 독서에도 순서가 있거든."

더 많은 학생들을 서울대학교에 보내기 위한 고등학교들 간의 경쟁은 예나 지금이나 달라진 게 없다. 고교 시절 나의 동기들은 약 120명 정도가 서울대학교에 들어갔는데 당시 서울대의 정원은 현재의 절반쯤이었으니 꽤 많이 합격했다고 볼 수 있다. 거꾸로 생각하면 그만큼 죽어라 공부를 시키고, 했다는 얘기가 된다.

고등학교 생활의 가치와 의미가 오로지 대학 입시뿐이고 '서울대에 몇 명을 합격시킬 것인가?'만이 지상 목표인 상황에서 나는 꽤 많은 방황을 했었다. 2학년 때는 결석을 밥 먹듯이 했고 하루 종일 도서관에 틀어박혀 시험과는 아무 상관없는 책만 읽었다. 주로 문학, 역사, 철학 분야의 책이었다. 돌이켜보면 대학 입시에만 목을 매는 공부가 아니라 보다 의미 있고 가치 있는 인생을 위해 공부하고 싶다는 사춘기 소년의 반항 심리도 작용했던 것 같다. 나는 아무도 가르쳐주지 않는 길을 책 속에서 찾고 있었다. 게다가 대학 입시 준비용 교과서나 참고서보다 도서관에서 읽는 책들이 훨씬 더 재미있었다.

도스토옙스키의 『카라마조프가의 형제들』, 『백치』 같은 문학 작품부터 로마 제국, 칭기즈 칸, 나폴레옹 등을 다룬 역사책, 그리고 유명한 철학가들의 일생과 철학사에 관한 책에 이르기까지 비록 내용은 난해했지만 그 모두가 나에겐 입시 관련 서적과는 비교할 수 없을 정도로 흥미로웠다. 그러다 보니 결석하는 날이 점점 더 많아졌고 시험 성적은 늘 바닥을 기었다. 더군다나 무단결석 횟수가 쌓이는 바람에 퇴학 직전까지 몰리기도 했다.

그렇게 3학년 2학기가 되자 그제야 대학 입시가 현실적인 문제로 다가왔다. 나는 단시일 내에 성적을 올릴 묘수는 과연 없을까 고민하기 시작했다. 하지만 그런 묘수가 있을 리 없었다. 나는 수학부터 집중적으로 공부했고 어렵사리 대입 시험을 치렀다. 거의 모든 친구들이 서울대에 원서를 냈지만 나는 아예 포기하고 고려대 법대에 지원했다. 당시 행정학과는 법대 소속이었기 때문에 인기가 좋았고 그만큼 입학이 어려웠다. 선생님은 '이런 성적으로 고대 법대에 지원하는 건 무리다'며 원서를 써주려 하지 않았지만 나는 기어이 도장을 받아냈다.

필기시험을 치르고 난 뒤 면접을 볼 때 당시 고려대 법대 학장은 내 고등학교 성적을 확인하더니 일단 화부터 냈다. 어떻게 이런 성적으로 지원할 수 있느냐는 것이었다.

"저는 고등학교 때 아예 시험을 안 봤기 때문에 평균 점수가 낮은 게 당연합니다."

나는 솔직하게 대답했다. 그러면서도 속으로는 '다 끝났구나' 하고 한숨을 쉬었다. 그런데 정말 놀랍게도 결과는 합격이었다. 지금도 내가 고려대에 감사하는 이유는 당시의 입시 정책 때문이다. 그 무렵 고려대는 본고사를 실시했는데 특이하게도 교양 문제가 많았다. 그러다 보니 학교 공부 대신 도서관에서 책만 읽었던 내게 전적으로 유리할 수밖에 없었다. 작문 시험에서도 폭넓은 독서가 도움이 되었다.

고교 시절을 통틀어 내가 대학 입시를 위해 공부했던 시간은 사실 한 학기에 불과했고 나머지 기간에는 그저 책만 읽었다. 학교에서 보낸 시간보다 도서관에서 보낸 시간이 더 많았던 셈이다. 하지만 지금까지도 나를 지탱하고 있는 힘은 그 시절에 읽었던 책들이다. 가령 한때 공무원 생활을 했던 도스토옙스키의 에피소드를 행정학 주제와 연결해 수업 시간에 활용하면 학생들은 잔뜩 흥미를 보인다. 로마 제국이나 칭기즈 칸, 나폴레옹에 관한 이야기들 역시 모두 행정학 주제와 관련이 있기 때문에 나는 때때로 인용하곤 한다.

독서는 그 무엇보다 인생의 밑그림을 그리는 데 가장 큰 도움을 주었다. 역사상 위대한 인물들이 주장하고 설명한 내용들은 모두 자연스럽게 내 것이 되었으며 내 인생의 밑그림에도 그대로 녹아 들어갔다. 나 자신과 세상을 조금 더 잘 볼 수 있도록 노력하게 된 것도 결국은 많이 읽고 많이 생각한 덕분이다.

　어떤 사람들은 책 읽기가 너무 힘들다고 말하지만 사실은 책 읽는 연습이 부족해서다. 그 누구든 인생의 어느 지점에서 어떤 문제로 고민하고 있건 그 문제에 대한 성찰을 도와줄 만한 책은 반드시 존재한다. 그런 책을 만나기 위해서라도 우리는 책 읽는 연습을 해야 한다.

　그렇다면 어떤 책을 어떻게 읽어야 할까?

　서울대학교 추천 도서 100선에 좋은 책이 많이 있지만 나는 문학 작품, 역사책, 『논어』, 『맹자』 등이 아니라면 무턱대고 고전을 읽는 것에 대해서는 약간 회의적이다. 물론 읽지 않는 것보다는 좋겠지만 그보다 먼저 읽어야 할 책이 있기 때문이다. 예를 들어 다윈의 『종의 기원』 대신 진화론에 대한 입문서나 소개서를 먼저 읽는 게 좋다. 마찬가지로 프로이트의 『꿈의 해석』보다는 심리학 입문 서적을 먼저 읽어보자. 칸트의 『실천이성비판』보다는 서양 철학사와 철학 개론을 읽는 것이 좋고 니체의 『도덕의 계보학』보다는 차라리 윤리학 개론을 권하고 싶다.

　정치와 경제 분야 추천 도서들도 대부분 유명 학자들의 대표 저서지만, 그 전에 해당 학문 분야의 입문서들을 먼저 읽어보는 게 좋다. 그런 다음 개별 학자들의 대표 저서를 읽어야 올바르게 이해할 수 있고 쉽게 소화할 수 있기 때문이다. 해당 분야에 대한 기초 지식이 없는 상태에서 무작정 수준 높은 개별 저서들을 접한다면 오히려 질려버릴 위험이 있고 단편적 지식으로 혼란스러울 수도 있다.

　해당 학문 분야의 입문서에는 두 가지 종류가 있다. 대학의 입문 과목 교재와 교양서적으로서의 입문서이다. 국내외 대학의 입문 과목 교재는 인터넷으로 강의 계획서(syllabus)만 검색하면 간단하게 알 수 있다. 영어를 잘한다면 원서를 구해서 읽으면 되겠지만 영어를 못하더라도 걱정할 필요는 없다. 다행히도 유명한 책들은 대부분 한국어 번역본이 있다.

사회 과학의 입문서(개론, 원론 등)로는 정치학, 경영학, 경제학, 행정학(정책학 포함), 사회학, 심리학, 인류학을 추천한다. 이런 책들은 대부분 쉽게 서술되어 있기 때문에 이해하는 데 어려움이 없으며 도움이 필요하면 인터넷 강의를 활용할 수도 있다.

입문서에는 수많은 학자들의 주장이 잘 정리되어 있다. 그러므로 입문서 한 권만 읽어도 여러 권의 책을 읽는 효과를 볼 수 있다. 또한 학자들의 주장에 대한 비판을 함께 읽으며 균형 감각도 기를 수 있다. 기초가 없는 상태에서 유명 학자들의 대표 저서를 읽으면 모두 맞는 말처럼 느껴진다. 그 내용을 도그마인 양 소중히 간직했다가 나중에 오류를 범할 수도 있으므로 주의해야 한다.

대학을 졸업하기 전에 입문 과목들을 교양 과목으로 수강하는 방법도 있다. 학교에서 정치학 개론, 경영학 원론, 경제 원론, 행정학 원론, 정책학 개론, 사회학 개론, 심리학 개론 등의 수강을 고려해보자. 자연 과학 분야의 물리, 화학, 수학 등은 입문 과목이라 하더라도 문과 전공자가 이해하기에는 매우 어렵겠지만 생물학, 진화론, 유전학 등의 입문 과목은 그보다는 쉬울 것이다.

✦

"천국이 있다면 아마 도서관처럼 생겼을 거야."

프랑스의 철학자 가스통 바슐라르가 한 말이다. 도서관에 틀어박혀 마음껏 책을 읽어본 사람들이라면 이 말에 기꺼이 동의할 것이다.

1999년부터 2000년까지 한 해 동안 나는 뉴질랜드의 오클랜드 대학에서 평생 한 번 있을까 말까한 안식년을 보냈다. 처음에 학교 측에서는 강의를 맡아달라고 했지만 나는 정중히 거절할 수밖에 없었다. 오로지 뉴질랜드의 정부 개혁에 대한 연구에만 몰두하고 싶었기 때문이다. 주변의 지인들은 골프를 배울 수 있는 마지막 기회라며 기왕 간 김에 골프를 배워 오라고 협박(?)하기도 했다. 하지만 나는 골프장이 아닌 도서관에서 하루의 대부분을 보냈다.

도서관 1층부터 모든 서가를 섭렵하는 즐거움 때문에 나는 매일 학교 도서관으로 출근했고 문을 닫을 때까지 손에서 책을 놓지 않았다. 일단 책꽂이 앞에서 목차를 보다가 관심 가는 책이 생기면 뽑아 들고 바닥에 앉아서 읽었다. 이것이 1단계. 계속 흥미 있다고 생각되면 책상에 앉아서 읽었다. 이것이 2단계다. 끝까지 읽어야 할 책이라고 생각되면 대출을 해서 집으로 가지고 갔다. 이것이 3단계다. 이렇게 도서관 1층에서 시작해 몇 달 뒤에는 2층, 그리고 다시 몇 달 뒤에는 3층, 나중에는 꼭대기 층까지 올라갔다. 전공 관련 책만이 아니라 온갖 종류의 책을 닥치는 대로 읽었던 것 같다. 1년 동안 강의도 하지 않고 자유롭게 책을 읽었던 즐거움 때문인지 나는 지금도 그 도서관이 너무나 그립다. 1년 동안 책을 읽으며 생각하고 깨달은 것을 어떻게 말로 다 표현할 수 있을까?

2000년 1월 1일이 되자 세계에서 가장 먼저 해가 뜨는 곳을 취재하기 위해 한국을 비롯한 전 세계의 취재진들이 뉴질랜드로 몰려왔다. 모두가 새로운 세기를 맞아 호들갑을 떨다 보니 나도 저절로 '21세기를 과연 어떻게 살아야 하는가?'를 고민하게 되었다. 지금까지 학자로 살아온 것처럼 여전히 학자로 살아가겠지만 과연 어떤 학자가 되어야 하는가 하는 비전에 대해 많이 생각했다. 나는 지혜롭고 따뜻한 사람이 되고 싶었다. 나의 21세기는 1년간의 행복한 책 읽기가 끝나면서 비로소 시작된 셈이었다.

삶은
원래 힘든 것이다

"저는 마음에 걸리는 일이 있으면 그 일이 해결될 때까지 아무것도 못해요."
"어떡하나, 사회생활을 하기 시작하면 마음에 걸리는 일의 연속일 텐데."
"저도 알지만 그게 마음대로 안 되네요."
"마음에 걸리는 일로 안절부절못하면 상황만 점점 더 악화돼. 그럴수록 힘든 일과 공존하며 사는 연습을 해야 해. 물론 쉽진 않을 거야. 그래서 마음에도 운동이 필요한 거야. 마음의 근육과 뼈가 튼튼해야지만 힘든 일과 공존하면서 살 수 있거든. 그냥 해야지, 해야지 다짐한다고 할 수 있는 건 아니야. 꾸준한 연습이 뒷받침되어야 해."

인생을 살다 보면 끊임없이 힘든 일이 생겨난다. 해도 해도 안 될 것 같은 일이 있는가 하면, 잘 되다가 별안간 틀어져버리는 일도 부지기수다. 그런 일이 닥칠 때마다 사람들은 더 이상 일에 집중하지 못하고 의기소침해진다. 사소한 것 하나라도 마음에 걸리면 모든 일을 중단하고 그 일이 해결될 때까지 안절부절못하는 사람도 있다. 그러나 고통은 들여다보면 볼수록 커지고, 힘들어하면 할수록 사라지기는커녕 거머리처럼 달라붙어 더욱 악화될 뿐이다.

"이 문제만 해결하면 다음부턴 정말 잘 해낼 수 있을 거야."

누구나 이렇게 생각하지만 사실 모든 문제를 해결한 평온한 상태는 현실에 존재하지 않는다. 한 가지 일을 해결하면 또 다른 일이 닥쳐오는 것이 인생이다. 그러니 어쩌겠는가? 이 모든 번뇌로부터 벗어나 득도의 경지에 이르지 않는 한 우리는 어쩔 수 없이 힘든 일과 공존하면서 살아갈 수밖에 없다. 매순간 마음에 걸리는 일이 있어도, 골치 아픈 일이 여전히 해결되지 않은 상태라 할지라도 그것들과 어깨를 나란히 하며 살아야 한다. 힘들지 않은 사람은 아무도 없다. 다만 '오라, 나는 두렵지 않다!'며 힘든 일을 거뜬히 받아들일 수 있느냐, 없느냐의 차이만 존재할 뿐이다.

누구나 지나온 삶을 되돌아보면 짜증나는 일, 마음에 걸리는 일, 해결하지 못한 일, 힘든 일들이 없었던 적이 거의 없다는 사실을 알게 된다. 만일 문제가 없는 평화로운 시간에만 자신의 비전과 전략을 실행하려 한다면 어떻게 될까? 그 사람의 인생은 늘 가다 서다를 반복하거나 어쩌면 비전과 전략을 영원히 서랍 속에 넣어두게 될지도 모른다. 인생을 살려면 모호함과 모순을 받아들여야 하듯이 힘든 일과의 공존 또한 받아들여야 한다.

내일 중요한 시험을 치러야 하는데 나를 짜증나게 하는 일이 자꾸 생긴다 해도 담담하게 가야 한다. 일주일 뒤 회사의 중대사를 처리해야 하는 상황에서 갑자기 집안에 힘든 일이 생긴다 해도 회사 일은 절대 연기되지 않는다. 따라서 완벽하게 좋은 조건에서 비전과 전략을 실행할 수 있기를 기대해서는 안 된다. 힘든 일이 생겨도 정말 힘든 일이 아니라면 어제 치던 피아노를 오늘도 쳐야 한다. 내일 가기로 한 여행도 다른 날로 미루지 말자. 지금 내게 닥친 일을 내일 아침에나 해결할 수 있다면 오늘 저녁엔 그 일과 공존하며 다른 일을 해 나가자.

사업가인 P씨는 늘 크고 작은 난제를 만났고 그 일을 해결하기 위해 무려 5년을 쏟아부었다. 그러나 일을 해결한 뒤에도 그는 여전히 문제를 안고 살아야 했다. 어느 날 그는 그 모든 골칫거리들을 뒤로한 채 여행을 떠났다. 사진기를 들고 수많은 풍경을 찍으며 잊었던 취미도 다시 찾았다. 그리곤 자신에게 반문했다.

'왜 그동안 여행도 가지 않고 취미도 멀리했지?'

사실 아무리 바쁘고 힘들어도 당일 여행이 불가능한 경우는 거의 없다. 다만 물리적 하루가 아닌 심리적 하루가 없었을 뿐이다. 자동차가 고속도로를 아무리 빨리 달려도 길가에 핀 꽃이 보이지 않는 것은 아니다. 마음이 꽃을 보지 못했을 뿐이다.

인생에 힘들지 않은 시기는 거의 없다. 항상 바쁘거나 마음에 걸리는 일이 있기 마련이다. 매순간 순간을 놓치지 말자. 힘든 일과 공존하며 인생을 만끽하는 연습을 해보자. 그러면 분명 인생은 보다 풍요로워질 것이다.

1등과 2등의 차이는 어디에서 오는가

"3개월 전까지만 해도 제가 이렇지 않았거든요. 갑자기 공부가 안 되고 아무것도 하기 싫어서 큰일이에요. 도무지 이유를 모르겠어요."
"그럼 앞으로 3개월 동안 다시 변하면 되겠네. 3개월 만에 이렇게 됐으면 다시 3개월 만에 예전으로 돌아가는 일 역시 별로 어렵진 않을 것 같은데?"
"그럴까요?"
"지금 상태로 변했던 것처럼 그대로 거꾸로 가봐. 이렇게 쉽게 변했으니 다시 쉽게 이전 상태로 돌아갈 수 있을 거야."

군 복무 시절, 제대를 앞두고 나는 많은 기대에 부풀었다. 제대하면 정말이지 시간을 유용하게 사용할 수 있을 것만 같았다. 군복을 벗은 뒤에는 하루하루가 얼마나 소중하게 느껴질까 하고 생각했다. 그러나 제대하고 한 달쯤 지나자 그 모든 '소중한 시간'들이 다시 일상이 되어버렸다. 제대할 무렵의 마음가짐이 쭉 이어졌다면 아마 내 인생은 크게 달라졌을 것이다.

새로운 학기가 시작되면 늘 새로운 계획을 세운다. 각오를 새롭게 하면서 출석도 잘해야지, 노트 정리도 잘해야지 하고 다짐도 한다. 그런데 막상 학기가 시작되고 2, 3주일만 지나면 다시 방학을 기다린다. 중간고사를 망치기라도 하면 그 학기는 아예 포기해버린다.

취업을 하고 첫 출근을 할 때면 누구나 잘해보겠다는 마음을 굳게 먹는다. 하지만 다음 날부터 짜증나는 일이 시작되고 어느새 매너리즘에 젖는다. 초심을 유지하기란 이토록 어렵다.

'어떻게 하면 초심을 잃지 않고 길게 유지할 수 있을까?'

처음 품었던 그 마음만 잘 유지해도 우리의 인생은 크게 달라질 것이다. 학창 시절에 초심을 잘 유지하지 못했던 사람은 나중에 사회에 나가서도 쉽게 초심을 잃곤 한다. 매사에 초심을 쉽게 잃는 사람은 다른 일에 대해서도 마찬가지인 경우가 많다. 이것은 성격 탓일까? 아니다. '초심 유지'는 천성의 영역인 것 같지만 사실 연습으로 습관화할 수 있는 훈련의 영역이다. 가령 책상 앞에다 좌우명을 써놓고 매일매일 그것을 확인하기만 해도 상황은 크게 달라진다. 항상 초심을 유지하고 있는지 점검해볼 수 있는 환경을 만들면 조금씩 더 잘할 수 있게 된다.

초심을 유지한다는 건 마지막까지 최선을 다한다는 것이다. 많은 사람들이 시작은 요란하지만 끝을 내지 못한 채 다른 일로 옮겨가곤 한다. 이는 새 노트를 사서 열심히 적어보겠다고 결심하지만 결국에 반도 채우지 못한 채 다른 노트를 사는 것과 마찬가지다. 시작할 때는 스스로 능력 있는 사람이라 확신하지만 중간에 멈출 때는 운이 없었다고 얼버무린다. 이런 '중단의 반복'부터 버리자. 일단 일을 시작했다면 제대로 끝내는 사람이 되어보자.

일단 작은 수첩부터 사서 마지막 장까지 다 채워보자. 영어 회화 책을 샀다면 끝까지 보자. 그 책이 그 책이다. 더 좋은 책을 찾다가는 끝이 없다. 웬만하면 그 책 한 권이라도 제대로 끝내자. 이번 학기에 열심히 하기로 했다면 중간고사를 망쳤어도 최선을 다해 기말고사를 준비하자. 중간고사를 망쳤다고 흐지부지하다가 전부를 망치지는 말자.

회의 때 비판만 하거나 책임지지도 못할 아이디어만 내놓고 막상 일할 때는 슬그머니 빠지는 사람이 있다. 자기가 직접 하지 않을 거라면 비판도 하지 말고 아이디어도 내지 말자. 수업 시간에 항상 지각하는 학생이 있다. 만약 한 학기에 7과목을 수강한다면 몇 과목이나 수업에 지각하는지 한번 점검해볼 필요가 있다. 약속 시간에 항상 늦는 사람은 직장에서도 기한을 지키지 못할 것이다. 자기가 얼마나 약속을 잘 지키는지 한번 파악해볼 필요가 있다. 수업 시간에 지각하지 않고 약속 시간에 늦지 않는 연습을 하자. 학원 수강증을 끊어 놓고 끝까지 다니지 못한 경우가 몇 번이나 되는지도 생각해보자. 취업이 걱정이라면서 6시에 있는 취업 소개 강좌를 기다리지 못한 채 4시에 강의가 끝나면 그냥 집으로 가버리는 학생도 많다. 그때 진짜 취업이 어려운 건지 의심스럽다.

실행하기 힘든 계획은 세우지 말자. 하지만 일단 계획을 세웠다면 어떡하든 끝을 내자. 자기 자신에게 약속을 해도 좋고 자기만의 선언을 해도 좋다. 꼭 해야 할 일을 정해놓고 몇 개나 끝까지 완수하는지 지켜보자. 한 달간 술을 마시지 않기로 했으면 과연 그 약속을 지키는지, 한 달간 헬스클럽에 다니기로 했으면 정말 그 약속을 지키는지 살펴보는 것이다. 대부분의 사람들은 자기에게 한 약속을 지키지 못한다. 그런데 하물며 남과의 약속은 얼마나 잘 지킬까?

목욕탕에서 40도와 43도의 차이는 고작 3도에 불과하다. 그러나 실제로 탕에 들어가보면 3도보다 훨씬 더 큰 차이가 느껴진다. 세상사 역시 그런 이치로 움직이는 것이 많다. '이쯤이면 됐다' 싶을 때 조금만 더 노력하면 결정적인 차이가 만들어진다. 따라서 마지막 순간까지 최선을 다해보자. 마지막 순간 바로 직전에 멈추면 40도에 거물고 말지만 조금만 더 가면 43도가 된다. 별거 아닌 것 같지만 차이는 크다. 어느 곳에서나 1등과 2등의 차이는 겨우 3도쯤의 차이에 불과하지만 1등과 2등이 누리는 혜택의 차이는 너무나도 크다. 승자 독식 사회에서는 3도 차이로 1등이 모든 것을 갖는다.

어떤 경우엔 정말 잘 해오다가 최후의 고비에서 주저앉는 경우도 있다. 정말이지 안타깝기 짝이 없다. 공부를 조금만 더하면 시험에서 상당히 좋은 점수가 나올 수 있다는 걸 알면서도 단 며칠, 단 하루를 견디지 못하는 경우도 많다. 무엇보다 매일 1시간씩, 총 10시간을 공부하는 것이 시험을 앞두고 30, 40시간 공부하는 것보다 더 효과가 있다는 걸 알면서도 실천하지 못한다. 이런 사소한 실천들이 바로 성공을 결정짓는 요인들이다. 초심을 마지막까지 유지하자. 단 1도를 더 가열하지 못해 99도에 그친다면 물은 결코 끓지 않는다. 마지막 순간까지 놓치지 않는 것은 매순간을 놓치지 않는 것이다. 담담하게 굴 흐르듯 매순간의 노력 그 자체를 즐겨야 한다. 그래야 마지막 순간까지 놓치지 않는다.

알아차리고,
바라보고, 흘려보내라

"잠시 눈을 감고 하나부터 열까지 세어봐."

"자, 이제 눈을 뜨고 그 짧은 시간 동안 얼마나 많은 잡념이 끼어들었는지 생각해보는 거야."

"갑자기 1년 전 일이 불쑥 떠오르기도 하고 그제 봤던 영화의 한 장면도 생각났어요."

"온갖 잡생각들이 마구 떠오르지? 아마 '내가 지금 숫자를 세면서 집중하지 못하고 엉뚱한 생각을 하고 있구나'라는 생각마저 끼어들었을 걸? 10초라는 짧은 시간도 이렇게 집중하기가 어려운데 눈을 뜨고 집중하려면 얼마나 힘들겠어? 또 그런 상태에서 공부를 하면 얼마나 비효율적일까?"

마음 운동의 대표적인 사례로 명상을 들 수 있다. 명상에는 여러 가지 방법이 있지만 모두 집중과 관련이 깊다. 명상을 영어로 meditation이 아니라 concentration(집중)으로 번역해야 한다는 주장이 나올 만큼 집중은 명상과 관련이 깊다.

비록 명상까지는 아니더라도 우리는 모든 일과 생각에 집중할 수 있어야 한다. 사실 우리가 흔히 겪는 스트레스나 피로, 갈등도 결국은 집중하지 못하는 것에서 비롯된다. 어린 아이들은 무슨 일이건 무아지경으로 빠져든다. 아이들이 그렇게 하루 종일 뛰어놀고도 전혀 피곤해하지 않는 것은 매순간 집중할 수 있기 때문이다. 그러나 어른들은 10초라는 짧은 순간에도 온갖 잡념에 시달린다.

집중하지 못한 상태에서 끝없는 잡념이 끼어들면 불필요하게 많은 에너지가 소비되고 그만큼 몸과 마음도 지치게 된다. 뿐만 아니라 생각이 많으면 10시간을 일해도 1시간 일한 효과밖에 내지 못한다. 일이나 공부의 성과는 양보다 질이 중요하며, 그것은 곧 얼마나 집중했느냐에 달려 있다.

모든 것을 연습으로 단련하듯이 집중 또한 의식적인 반복 연습으로 습관화할 수 있다. 살아가는 매순간마다 아무리 사소한 일이라도 집중하는 연습을 해보자. 밥을 먹을 때는 음식이 혀에서 만들어내는 맛에 집중하고, 수업 시간에는 강의에 집중하고, 직장에서는 일에 집중하고, 음악을 들을 때는 멜로디에 집중하고, 운동할 때는 몸의 움직임과 느낌에 집중해야 한다. 집중할 때 우리를 평온하게 만드는 뇌파가 나온다. 일거양득이 아닐 수 없다.

시간은 누구에게나 똑같이 흐르지만 사람에 따라 그 무게와 밀도, 가치가 달라진다. 마치 물에 잠기듯 매순간마다 그 순간 속에 자신을 온전히 담는 사람이 있는가 하면 발만 살짝 담그는 사람도 있다. 집중하는 연습은 매순간을 가득 채울 수 있게 한다. 인생이란 짧은 순간들의 집합이기 때문에 매순간을 놓치면 인생을 놓치는 것과 다름없다.

매순간 충실하다는 것은 매순간을 한껏 채움으로써 즐거움을 놓치지 않는 것이기도 하다. 우리는 운동을 할 때, 맛있는 음식을 먹을 때, 술을 마시거나 놀 때조차도 다른 생각에 젖어 즐거움을 충분히 만끽하지 못한다.

매순간 집중해보자. 그리고 집중할 때는 한 번에 하나씩만 집중하자. 여행할 때, 음악을 들을 때, 운동할 때는 고민하지 말고, 고민해야 할 때는 여행 생각, 음악 생각, 운동 생각은 잠시 접어두자.

매순간 충실하고 집중한다는 것은 결국 '알아차림(mindfulness)'이다. 알아차림은 영어로 표현하면 더 이해하기 쉽다. 알아차림이 있으면 mindful(의식이 있는 상태)이고, 없으면 mindless(아무 생각이 없는 상태)이다. 밥을 먹을 때 어떤 맛인지도 모른 채 잡념에 빠진 상태에서 먹으면 mindless eating이고, 맛을 알아차리고 즐기면서 먹으면 mindful eating이다.

알아차림은 본격적인 집중을 하기 위한 실천적 관문과도 같다. 모든 행동과 느낌, 감각이 생기고 사라지는 걸 알아차리기만 해도 놀라운 변화가 일어난다. 고통이 사라지고 마음이 편안해지며 즐거움을 만끽하게 된다. 누구나 끊임없이 자신을 괴롭히는 고통스러운 경험과 기억, 상황을 가지고 있다. 여기서 벗어나지 못하면 삶의 많은 부분을 낭비하게 된다. 게다가 벗어나려고 몸부림치면 칠수록 더욱 더 조여오는 것을 느끼게 된다. 이때 필요한 것이 바로 알아차림이다. 모든 것들을 담담하게 물끄러미, 마치 남이 자기를 보듯이 관찰해보라. 그러면 마음이 생기고 사라지는 것, 감각이 발생하고 소멸하는 것을 알아차릴 수 있고 비로소 고통에서 벗어날 수 있다. 그저 바라보기만 해도 놀라운 기적을 경험할 수 있다. 이 모든 것은 그동안 명상에 관한 과학적 연구를 통해 증명된 사실들이다.

사업가인 A는 중요한 거래를 앞두고 B의 전화를 기다리는 중이었다. 그 무렵 둘의 관계는 약간 긴장 상태였다. 전화를 주기로 한 시간이 지나도 소식이 없자 A는 초조해하기 시작했다.

"좀 느긋하게 기다리지 그래? 뭔가 사정이 있을 수도 있잖아."

나는 A를 진정시키려 했지만 결국 그는 안절부절못하더니 신경질을 내며 수화기를 들었다. 하지만 B는 전화를 받지 않았고 신호음만 계속 이어졌다. A는 수화기를 거칠게 내려놓더니 그때부터 온갖 상상을 하기 시작했다.

"그 친구 단단히 화가 난 모양이군. 일부러 내 전화를 피하는 게 틀림없어."

망상이 점점 심해진 나머지 급기야 A의 머릿속은 온갖 부정적인 생각으로 가득해졌다. 나는 차라리 B에게서 전화가 오지 않기를 바랐다. 이 상황에서 통화를 하게 되면 A는 온갖 억측과 선입견을 가진 상태에서 거친 말을 쏟아낼 것이고 그럼 둘 사이는 더욱 악화될 게 뻔했다. 나는 A에게 딱 5분만 마음을 가라앉혀보라고 했다.

"자네 마음속에서 일어나는 생각들을 알아차려봐."

B가 전화를 받지 않는 상황에서 A의 머릿속에 온갖 생각들이 일어날 때, 그런 생각들이 일어나고 있다는 사실을 알아차리면 현재의 부정적인 감정 상태에서 벗어날 수 있다. B가 정말 화가 나서 일부러 전화를 안 받을 수도 있겠지만, 혹시 급한 사정이 있거나 회의 중이어서 안 받을 수도 있다는 사실까지 모두 담담하게 떠오를 것이다. 알아차리지 못

한 채 그저 생각의 늪에 빠진 상태에서는 다른 가능성들을 떠올리기가 쉽지 않다. 그러면 오해와 억측만이 계속 커지고 결국엔 일을 그르치게 된다.

'혹시 B가 나에게 화가 난 걸까?'라는 생각이 들면 '지금 나는 B가 화났다고 추측하고 있구나'라고 알아차리면 된다. 'B가 나를 피하는 걸까?'라는 생각이 들면 '지금 나는 B가 나를 피한다고 추측하고 있구나'라고 알아차리면 된다. 화가 나서 얼굴이 벌겋게 달아오르고 몸이 후끈거린다면 '지금 내 감정이 격앙돼서 열이 나고 있구나' 하고 몸의 상태를 알아차리면 된다.

흥분해서 몸과 마음이 어지러워진 상태를 억지로 진정시키기란 쉽지 않다. 그런 의식적인 노력은 또 다른 스트레스가 되어 상황을 더욱 혼란스럽게 만들 수도 있다. 그래서 알아차리는 것이 중요하다. 일단 알아차리면 그때까지 계속 이어지던 억측과 망상은 사라진다. 여기서 알아차림이 더 깊어지면 사물과 현상을 있는 그대로 볼 수 있게 된다. 알아차림이란 마치 제3자가 나를 관찰하듯이 바라보는 것과 유사하다. 나를 있는 그대로 볼 수 있게 되면 의사 결정의 오류와 행동의 실수를 최소화할 수 있다.

알아차림은 또한 금욕적이지 않은 방법으로 절제할 수 있게끔 한다. 억지로 담배를 끊거나 음식을 줄이는 일방적인 금욕은 오히려 역효과를 내기 쉽다. 하지만 알아차리면 그런 욕망들은 서서히 약화된다. 이것이 금욕보다 훨씬 더 자연스러운 과정이다. 중요한 것은 우리 마음속에 그 어떤 저항이나 마찰, 갈등도 없어야 한다는 사실이다.

화를 참았을 때 스트레스가 쌓이고 심장병에 잘 걸리게 되는 것은 화를 무조건 억제하려고 하기 때문이다. 화가 날 때 그 화를 관찰자의 시선에서 바라봄으로써 한번 알아차려보자. 그러면 화가 만들어내는 감정에 휘말리지 않고 사태를 있는 그대로 볼 수 있게 된다. 슬픔에 빠지면 슬픔이 더욱 커지지만 그것을 알아차리고 물끄러미 보면 슬픈 감정이 약화되거나 사라진다. 슬픔을 무조건 참으려고 하면 병이 된다. 슬픔, 분노 등 힘든 감정을 사라지게 하는 효과 때문에 선진국에서는 이미 알아차림 명상을 치료 요법으로 사용하고 있다.

물론 알아차림을 익히고 실생활에서 자유자재로 활용하기까지는 오랜 연습과 시행착오가 필요하다. 이것은 테니스를 배울 때 말로 설명을 들을 때와 실제로 해볼 때의 차이와 같다. 그냥 라켓을 휘둘러 공을 치면 될 것 같아 보여도 막상 해보면 쉽지 않은 것처럼 알아차림 역시 아주 간단해 보여도 실제로 해보면 잘 되지 않는다. 모든 것이 그렇듯 첫술에 배부를 수는 없지만 그렇다고 조급해 할 필요는 없다. '내가 조급해하고 있구나'라는 것을 알아차리고 담담하게 해 나가면 그뿐이다.

스무 살이 되면
모든 상식을 버려라

"선생님, 그렇게 하면 안 되잖아요."
"왜 안 돼?"
"그러니까……, 논리적으로 설명은 못하겠는데 아무튼 안 될 것 같아요."
"논리적으로 설명하지 못하는 이유는 두 가지가 있어. 첫째, 직관적으로는 아는데 말로 표현하지 못하는 것. 둘째, 고정관념이나 기존 틀에서 벗어나지 못하는 것. 자기 스스로 '왜 안 돼?'라고 질문해봐. 만일 설명이 궁색해지면 탈상식의 길로 한번 가봐. 새로운 삶이 기다리고 있을 거야."

'드라이버는 어떤 도구인가?'라고 질문한다면 대부분의 사람들은 '나사를 조이거나 푸는 데 쓰는 도구'라고 대답할 것이다. 그러나 『씽커 토이(Thinker Toys)』란 책에서는 우리의 생각이 일반적인 개념에서 벗어날 때 드라이버의 수많은 기능들이 생겨난다고 한다.

'무기, 지시봉, 플러그, 배수관 세척기, 갈퀴, 구두 주걱, 깡통 따개, 측정 도구, 흙 털이, 지렛대, 구멍 뚫는 도구…….'

마찬가지로 50명의 학생들에게 '깡통의 용도'에 대해 질문하면 거의 같은 대답이 나오지만 '깡통의 또 다른 용도'라고 질문을 살짝 바꾸기만 해도 연필꽂이, 화분, 저금통, 휴지통, 재떨이 등 50개의 서로 다른 대답들이 쏟아져 나온다. 입력값이 달라지면 출력값도 달라지는 법이다.

이따금 종로 부근에서 누군가를 만날 일이 있으면 나는 일부러 한두 시간 일찍 나가곤 한다. 한가로이 걸어서 돈화문 앞에 이르면 나도 모르게 마음이 설렌다. 나는 창덕궁을 정말 좋아한다. 어느 휴일 오후, 문화유산을 연구하는 제자와 함께 창덕궁을 거닐 때였다.

"교수님, 저 건물이 바로 연경당이에요. 가장 아름다운 한옥으로 손꼽히는 건물이죠."

"저쪽은 거의 2층 같아 보이네."

나는 연경당의 오른쪽을 가리키며 말했다.

"아, 저기 약간 높게 지은 부분을 누마루라고 합니다. 온돌을 놓지 않고 그 아래로 통풍이 잘 되도록 높이 들어 올리듯 지은 거예요."

"일본이나 중국은 2층 건물이 많은데 왜 한옥은 2층이 없을까? 하긴 지금 한옥 형태에 2층을 올려놓으면 굉장히 보기 싫겠지? 그래도 내 생각엔 2층 한옥을 한번 연구해보는 게 어떨까 싶은데?"

"교수님……, 한옥에 2층이라니요."

"옛날엔 2층으로 하면 온돌을 놓을 수 없어서 혹시 단층으로만 지은 건 아닐까? 헌데 지금은 2층에도 바닥 난방 시설을 설치할 수 있잖아. 그럼 2층으로 짓는 게 건축비도 절감되겠지. 다만 지붕을 지금처럼 하지 말고 겹으로 하면 2층으로 지어도 모양이 보기 좋을 것 같은데?"

"겹으로요?"

"2층 지붕 밑 부분에 다시 겹치게 또 지붕을 놓는 식이지."

"예에, 그런데 그게 가능할까요?"

"안 된다고 생각하면 영원히 안 되겠지?"

그날 나는 제자와 함께 비원을 걸으며 2층 한옥에 대해 많은 이야기를 나누었다. 그동안 2층 한옥에 대해서는 한 번도 생각해보지 않았던 제자였지만 그날은 전혀 새로운 시각으로 한옥을 바라보았다.

익숙한 세계로부터 벗어나려면 익숙하지 않은 질문을 던질 수 있어야 한다. 한 발짝만 벗어나면 새로운 상상의 세계가 열린다. 그러나 그 한 발짝만큼의 공간에는 거대한 관문이 버티고 서 있다. 바로 고정관념, 구조화된 생각, 진부한 생각, 상식적인 생각이라는 이름의 관문이다. 이 관문이 하는 역할은 '안 된다'는 생각을 심는 것이다. 아인슈타인은 '스무 살이 되면 기존의 모든 상식을 버려라'라고 말했다. 안 된다는 생각을 떠받치고 있는 그 모든 상식을 버려야만 우리는 창의력이라는 세계에 진입할 수 있다.

우리는 몰상식이 아닌 탈상식을 위해 가장 중요한 질문을 습관화해야 한다. 그 질문은 바로 '왜 안 되지?'이다. 스스로에게 '왜 안 되지?', '왜 그래야 하지?'라고 물어보라. 그 대답이 시원찮거나 만족스럽지 못하면 안 해도 되고 버려도 된다. 이때부터 보다 넓은 세계가 서서히 열릴 것이다.

젊은이들 사이에 소위 '범생이'로 통하는 모범생들은 창의성뿐만 아니라 여러 가지 면에서 손해를 본다. 오늘날 우리가 살아가는 사회는 특히 모범생한테 불리한 점이 많다. 모범생들은 항상 자신이 생각의 틀에 갇혀 있기 쉽다는 위험성을 염두에 두어야 한다. 마찬가지로 한국에서 여성은 아직 남성보다 행동에 많은 제약을 받는다. 그러므로 여성은 생각의 틀에 더 갇힐 수도 있다는 가능성을 늘 염두에 두고 대비해야 한다. 때로는 모범이 아닌 탈모범으로 살아가는 연습을 해야 한다.

아직 실제 행동으로 옮길 수 있을 만큼 단련되지 않았다면 생각만이라도 자유롭게 해보자. 머릿속에서 탈모범, 탈상식을 연습하는 것이다. 물론 생각만으로 연습하는 건 한계가 있겠지만 아예 생각조차 하지 않는 것에 비하면 훨씬 낫다.

사업을 하다가 막다른 길을 만났을 때 경영학 지식이 돌파구를 제공하지는 않는다. 무슨 일이든 한계에 부딪혔을 때 우리를 돕는 것은 탈모범적, 탈상식적인 창의성이다. 요즘 기업에서는 탈모범, 탈상식의 대표적 사례인 '괴짜와 말썽꾸러기'들을 찾고 있다. 성실성, 인내심, 도덕성이 없어도 탈상식적인 창의력이 있다면 기업에서 원하는 인재가 될 수 있으며 면접에서 매력적으로 어필할 수 있다.

모범과 상식에서 벗어나는 연습은 아주 작은 것에서부터 시작할 수 있다. 나는 컴퓨터 마우스를 왼손으로 사용한다. 한번 왼손으로 마우스를 사용해보자. 왼손으로 양치질을 해보자. 잘 쓰지 않는 근육을 써보자. 자주 하지 않는 자세로 스트레칭을 해보자. 사소한 연습은 잠자고 있는 우리의 능력을 깨우기도 하지만 우리를 변화 지향적으로 만들기도 한다.

어느 해 가을, 나는 강원도 오대산 부근의 비포장도로를 승용차로 달리다 결국 포기하고 돌아온 적이 있었다. 목적지까지는 못 갔지만 그때 봤던 아름다운 풍경은 오래도록 기억에 남아 있다. 목포에서 배를 타고 어느 무인도에 내린 적도 있었다. 그다지 알려지지 않은 섬이었지만 그 독특하고 강렬한 매력에 한동안 넋을 잃기도 했다. 정해진 길에서 벗어난 여행이 오히려 기억에 더 오래 남는 것은 왜일까?

설악산이나 지리산, 제주도, 울릉도, 경포대 같은 곳은 이미 사진이나 매스컴을 통해 너무 잘 알려진 곳일 뿐만 아니라 사람들마다 장소에 대한 기억이 비슷하다. 하지만 길을 잃는 바람에 뜻하지 않게 접어든 샛길에서 만난 풍경은 나만의 기억으로 남는다. 내가 오지 여행을 꿈꾸기 시작한 건 바로 이런 이유 때문이었다. 익숙하지 않은 풍경이 주는 즐거움도 즐거움이려니와 일상을 벗어난다는 그 자체만으로도 가슴이 뛰었다. 지도 위에 동그라미를 쳐놓은 곳은 대략 이런 곳들이다. 몽골과 중앙아시아의 초원, 러시아의 시베리아 평원, 호주의 내륙 지방과 태즈메이니아 섬, 뉴질랜드 남섬, 칠레와 아르헨티나의 남부 지역, 스칸디나비아 반도 북부 지역, 캐나다 북부 지방, 알래스카, 티베트의 고원 지대는 꼭 가보고 싶은 오지이다.

오지란 남들이 잘 가지 않는 곳이다. 그곳에 가려면 잘 닦인 포장도로가 아닌 비포장 길을 달려야 하며 때로는 없는 길을 만들어서라도 가야 한다. 그 길 위에 올라서는 것만으로도 나는 보통의 여행자가 아니라 나만의 체험을 만들어 가는 탈상식의 나그네가 된다.

남들이 가는 길을 기계적으로 따라가는 것은 비전과 전략이 없는 것이다. 삶이 힘들수록 거기에서 벗어나기 위해서는 오지를 탐험하듯 나의 길을 갈 수 있는 비전과 전략이 필요하다.

끝을
생각하는 연습

"저는 늘 슬럼프의 연속인 것 같아요. 무언가 정신을 바짝 차릴 만한 계기가 없을까요?"
"유서를 한번 써보면 어떨까?"
"죽으란 말인가요?"
"아니, 끝에서부터 거꾸로 생각해보라는 거야. 죽음을 앞두고 무엇을 가장 후회하는지 생각해본다면 저절로 정신이 바짝 들 걸?"

오래전 생명 보험에 가입할 때 '사망 후 보험금 수혜자에게 전달할 글을 작성하라'는 말을 들었다. 그 순간 망치로 머리를 한 대 얻어맞은 기분이었다. 죽을 때 무슨 말을 남길지 생각해보지도 않았을뿐더러 그때까지 나와 죽음을 연관 지어 생각해본 적도 없었기 때문이다. 그때 무슨 말을 썼는지는 전혀 기억나지 않는다. 한동안 멍하니 앉아 있다가 시간에 쫓겨 뭔가 적기는 했는데 지금까지 생각나지 않는 걸 보면 충격을 아주 제대로 받았던 모양이다. 그 뒤로 나는 마치 숙제를 떠안은 듯 죽음, 삶, 후회 등에 대해 곰곰이 생각해보기 시작했다.

'죽은 뒤에 나는 가족과 친구, 지인들에게 어떤 사람으로 기억될까?'

'인생에서 가장 중요한 것은 무엇이고, 만약 지금 죽는다면 무엇을 가장 후회할까?'

인간은 자기도 모르게 늘 죽음이라는 확실한 전제를 염두에 두고 있다. 비록 의식하진 않더라도 우리는 모두 죽음으로부터 철저하게 영향을 받고 있다. 물론 젊은이들에게 죽음은 너무 먼 이야기라 생각조차 하지 않는 게 당연하다. 하지만 젊은이들 역시 매순간 죽음을 염두에 두고 살아간다. 다만 이것이 무의식적으로 일어나기 때문에 모를 뿐이다.

만일 인간의 생명이 무한하다면 젊은이들의 삶은 완전히 달라질 것이다. F학점을 받아도 걱정할 필요가 없다. 재수강하면 된다. 졸업이 늦어진다 한들 무슨 걱정인가? 좀 늦게 취업하면 된다. 취업이 안 되면 또 어떤가? 먹고 살기는 힘들겠지만 적어도 죽지는 않을 테니 걱정할 필요가 없다. 애인에게 차여도 또 다른 연인이 나타나겠지 하고 느긋해질 수 있다.

결국 우리 모두가 지금처럼 조급해하고 계산 지향적인 삶을 살 수밖에 없는 것은 죽음이라는 끝이 존재하기 때문이다. 우리의 욕망, 조급함, 불안, 분노, 불만들도 결국 유한한 삶과 관련이 있다.

사람은 어느 정도 나이가 들기 전까지는 죽음이란 문제를 직시하지 않는다. 죽음은 그저 의식의 수면 아래에서 우리의 사고와 행동에 영향을 미칠 뿐 일상생활에서는 철저하게 배제된다. 그러다 나이가 들어서야(혹은 생명 보험에 가입할 때에서야) 죽음을 의식의 표면으로 끌어올린다.

'과연 내 인생에서 가장 중요한 것은 무엇일까?'

죽음을 있는 그대로 보게 되면 그전까지는 생각하지도 않았던 질문이 생기기 시작한다. 행복, 가치, 의미에 대해서 고민하게 되고 삶도 그만큼 진지해진다. 죽음은 아직 오지 않은 미래의 일이지만 그것을 생각해보는 것만으로도 지금의 삶이 달라질 수 있다.

우리는 매순간 죽음과 공존한다. 사실 날마다 죽어가고 있는 셈이다. 죽음을 직시하면 어떻게 살아야 하는가의 문제가 더욱 절실해진다. 죽음이라는 거대한 문제 앞에서 스트레스나 매너리즘 따위는 너무도 하찮고 사치스럽지 않은가? 자잘한 계산에 목을 매거나 손해를 봤다며 땅을 치고 후회하는 일들마저도 죽음 앞에선 얼마나 초라한가.

'죽음을 기억하라(Memento Mori)'는 말처럼 날마다 죽음에 대해 생각하는 시간을 잠시라도 갖는다면 우리의 삶은 혁명적으로 변할 것이다.

일본에서 한때 '엔딩 노트'라는 유서 쓰기 운동이 유행했을 때 사람들은 의아하게 생각했다. 인간의 생명은 소중하며 삶이 아무리 힘들고 고통스러워도 이 세상에 태어난 것은 정말 멋진 일인데 죽음을 생각하라고? 하지만 유서를 써본다는 건 삶의 끝에서 지금에 이르는 과정을 거꾸로 재생시켜보는 일종의 이미지 트레이닝과도 같다. 유서를 쓰는 동안 오히려 삶에 새로운 가치와 의미를 부여할 수 있게 되는 것이다.

나는 아직 실제로 유서를 써본 적은 없지만 가끔 머릿속으로 유서의 내용을 생각해보곤 한다. 그러다 보면 '내가 지금까지 어떻게 살아왔지?'라는 질문이 떠오르고 나의 과거와 미래에 대해 다시 한 번 진지하게 검토하게 된다. 한없이 게을러질 때, 만사가 귀찮아질 때, 매너리즘에 빠질 때 머릿속으로나마 유서를 써보면 어떨까? 물론 글로 쓰면 효과가 더 클 것이다.

유서는 분명 현재를 되돌아보게 하는 극약처방이지만 그보다 더 중요한 기능을 갖고 있다. '무엇을 가장 후회하는가?'라는 질문은 결국 '무엇을 가장 중요하게 생각하는가?'의 다른 말이기 때문이다. 인생에서 가장 중요한 것이 무엇인가를 제대로 파악하지 않는다면 비전과 전략을 세우는 일이 무슨 소용일까?

"인생에서 가장 중요한 것은 무엇입니까?"

사람들에게 물어보라. 대부분 베스트셀러의 한 구절이나 어느 유명인사들이 말했던 흔한 경구들처럼 상식적이고 피상적인 말만 앵무새처럼 되풀이할 것이다. 하지만 혼자서 자기 자신을 직시하며 유서를 써본다면 그때는 더욱 절실해진다. 인생에서 정말 후회하는 일, 가장 소중한 일을 생각할 수 있게 되는 것이다.

유서의 첫마디를 어떻게 쓸까 생각해보면 자기가 어떤 사람인지 알수 있다. 유서를 쓸 때 우리는 후회하는 일들을 떠올린다. 그러니 죽을 때 후회하지 않도록 살아야 한다. 죽음을 의식하는 연습을 하자. 죽음 앞에 서면 우리는 후회하지 않는 삶을 설계할 수 있을 것이다.

아는 것만 실천해도
삶은 혁명적으로 바뀐다

"저는 스티브 잡스처럼 성공하고 싶어요."
"정말 본받고 싶어? 그럼 지금부터 부지런히 인문학 책을 읽어야겠네. 스티브 잡스는 인문학을 좋아했거든."
"책하고는 별로 안 친한데……."
"막연히 꿈꾸는 건 좋고, 실천하는 건 싫지?"

주변을 둘러보면 늘 기발한 아이디어를 쏟아내는 사람들이 있다. 그러나 그들 가운데 간밤에 떠올렸던 아이디어를 실천해보는 사람은 아주 드물다. 반면에 실행력은 있지만 아이디어가 부족한 사람들도 많다. 창의력과 실행력을 동시에 갖추기란 그래서 어렵다.

우리들 대부분은 실천에 대한 이야기를 그리 반가워하지 않는다. 실천이 어려워서다. 이와는 다르게 꿈에 대해 이야기할 때면 눈빛을 반짝

인다. 꿈은 언제나 실천보다 달콤하기 때문이다.

사실 실천이란 말 속에는 '하기 싫은 일부터 하라'는 뜻이 담겨 있다. 운동을 하라, 예습과 복습을 하라, 규칙적인 생활을 하라, 한 달에 한 권씩 책을 읽어라, 해야 할 일을 미루지 마라……. 이런 일을 실천하기란 여간 귀찮은 게 아니다. 그래서 사람들은 실천보다는 꿈에 대한 이야기만 듣고 싶어 한다.

다른 사람의 성공 스토리는 분명 우리에게 용기를 주고 때로는 많은 참고가 되기도 한다. 하지만 그런 성공 스토리의 대부분은 편집된 내용들이며 가장 재미없는 '실천' 부분은 대폭 생략되어 있다. 반대로 성공에 대한 내용들은 실제보다 훨씬 과장되기 쉽다. 책이든 TV 프로그램이든 모든 성공 스토리들이 궁극적으로 추구하는 것은 흥행성이라는 사실을 간과해서는 안 된다. 우리들 대부분은 편안한 소파에 앉아 성공 스토리를 보면서 달콤한 꿈에 젖을 뿐 실천 내용에 대해서는 애써 눈을 감으려고 한다.

스티브 잡스를 부러워하지만 그가 감당해야 했던 고뇌의 시간을 따라 하기는 싫다. 다만 그가 이룩한 결과만 부러울 뿐이다. 스티브 잡스처럼 되고 싶다고? 그렇다면 살아생전 인문학의 중요성을 자주 강조했던 스티브 잡스처럼 인문학 책을 한 권이라도 읽을 용의가 있는가? 스티브 잡스처럼 열정적으로 실천할 자신이 있는가?

같은 생각, 같은 목적을 갖고 있어도 변화하는 사람과 변화하지 못하는 사람이 구분되는 지점은 결국 '실천력'이다. 대부분의 사람들은 실천을 잘 하지 못한다. 그렇기 때문에 간절히 소망하면 이루어진다는 말에 그토록 매달리는 것이다. 하지만 간절히 바란다고 우주가 화답하는 것은 아니다. 간절히 실천해야 이루어진다. 만일 스스로 실천력이 부족하다고 느낀다면 실천하는 연습부터 해야 한다.

'연습하는 실천'조차 되지 않는다면 강제로 연습하는 것도 좋은 방법이다. 예를 들어 걷기 운동을 실천하고 싶다면 의도적으로 한 정거장 전에서 내린다. 그럼 어쩔 수 없이 걷게 된다. 엘리베이터 대신 계단을 이용하는 방법도 있을 수 있다. 일주일에 책 한 권 읽기를 실천하고 싶다면 일단 읽지 않더라도 책을 들고 다녀보라. 일상생활 구석구석에 널린 자투리 시간에 적어도 한두 페이지는 읽게 될 가능성이 생긴다.

정말로 실천하는 사람이 되고 싶다면 도저히 실천하지 않고는 안 될 만한 환경을 만들어 조금씩 연습해야 한다. 실천 연습은 전혀 새로운 것을 실천하려는 생각보다는 이미 잘 알고 있는 것부터 시작해보는 것이 효과적이다. 실천하는 힘이 어느 정도 생길 때까지는 일단 '실천 체질'로 바꾸는 연습에 충실하자. 이미 잘 알고 있는 것을 강제로 실천할 장소로는 집이 가장 적합하다.

자, 그럼 일단 집에서 편한 마음으로 쉬운 것부터 연습해보자. 해보면 알겠지만 쉬운 것만 나열해도 막상 실천하려면 쉬운 것이 하나도 없다는 사실을 깨닫게 될 것이다. 아래의 내용만 실천할 수 있어도 기대 이상의 변화를 불러일으킬 수 있다.

- 미루지 않는 연습
- 주기적으로 '아무것도 안 하고' 푹 쉬기
- 주변을 항상 깨끗하게 정리하기 (방, 책상 등)
- 가끔 규칙을 깨기

- 억제력 연습(화를 내고 참는 것이 아니라 화를 아예 내지 않는 연습)
- 거절하는 연습(마음이 약해서 거절할 일을 거절하지 못하는 사람에게 유용)

미루지 않는 연습은 즉시 실천하는 연습을 의미한다. 학생들과 얘기하다 보면 어떤 다짐을 할 때마다 큰 사건이나 일정을 기준으로 삼곤 한다. 가령 '기말고사 보고 나면 열심히 할 거예요', '여행 다녀오면 그때부터 열심히 할 거예요', '새해부터는 열심히 할 거예요' 등등 이런 식이다. 왜 그때부터 해야 하나? 좋다는 것을 알면 미루지 말고 당장 시작해야 하지 않을까?

사람들은 대개 감동적인 강연이나 영화, 책을 통해 열심히 살아야겠다는 계기를 만나게 되는데 이때 두 가지 타입이 있다. 첫째는 감동을 받아 집에 돌아가서 그날부터 즉시 구체적으로 실천하는 타입이다. 둘째는 내일부터 열심히 하겠다고 말하면서 그날은 하루 종일 계속 감동만 하는 타입이다. 내일 하겠다고 말하는 사람은 내일 무슨 일이 생겨 못하게 될 수도 있다. 그러다 보면 또 흐지부지된다. 정말 감동을 받았다면 바로 시작하자. 최소한 계획이라도 즉시 세우자.

글쓰기와 말하기가 중요하다는 건 누구나 알고 있지만 제대로 실천하는 사람은 별로 없다. 따로 시간을 내서 하라고 하면 학생들은 고개를 절레절레 흔들 것이다. 그런 학생들을 위해 여기 손쉬운 방법을 하나 제안한다. 학교 강의나 공부한 내용을 요약해보는 것이다. 10페이지

의 내용을 한 페이지로 잘 요약하면 그 자체로 훌륭한 글쓰기 연습이 된다. 한 페이지로 요약한 주요 내용은 중간고사나 기말고사 공부에 그대로 사용할 수 있으니 일거양득인 셈이다. 미국 기업에서는 Executive Summary(보고 내용을 한 페이지로 요약해서 표지에 붙이는 것)를 잘 써야 유능한 직원이라고 한다. 실제로 대학원 학생들에게 논문 한 편을 읽고 한 페이지로 요약하라고 하면 다들 난감해 한다. 그래서 연습이 필요하다. 자꾸 하다 보면 노하우가 생기고 글쓰기 실력도 향상된다. 나는 영어를 공부할 때 좋은 표현이 나오면 거듭해 써보곤 했다. 그러다 보면 어느새 자연스럽게 나만의 표현이 되었다.

말하기 연습도 평소에는 하기 어렵다. 취업 면접을 볼 때가 되어서야 말하기에 관심을 갖기 시작하지만 그때는 이미 늦다. 면접 훨씬 전부터 스스로 질문하고 답하는 모습을 캠코더나 스마트폰으로 녹화한 뒤 재생해보면 깜짝 놀랄 것이다. 대부분의 사람들은 화면을 제대로 쳐다보기조차 힘들어 할 만큼 불편해한다. 어렵더라도 직시하자. 부끄러운 자신을 있는 그대로 보면 무엇을 고쳐야 할지도 알게 된다.

공간 적응력도 꾸준히 연습할 필요가 있다. 어떤 학생은 집에서는 도저히 공부를 할 수 없고 오직 도서관에서만 집중할 수 있다고 했다. 나도 집에서 공부가 잘 안 되면 학교 도서관으로 향했다. 도서관은 답답하지도 않고 누구나 공부하는 분위기라서 그런지 나도 덩달아 공부하게 됐다. 그러나 도서관이 문을 닫았을 때나 혹은 시간 절약을 위해 집에서 공부하는 시간을 늘리다 보니 그것도 점점 익숙해졌다. 의도한 건 아니지만 집에서 공부하는 연습이 저절로 된 것은 사실이다. 나중에는 집에서 공부하는 것이 훨씬 더 편하고 좋았다.

교수가 된 지금도 나는 주로 집에서 연구한다. 집에서 하면 옷도 편하게 입을 수 있는 데다, 쉬고 싶으면 소파에서 편히 쉬어도 되고 졸리면 침대에서 낮잠을 자도 된다. 좋은 점이 한 두 가지가 아니다. 집에선 공부할 수 없다는 것도 사실은 고정관념이다. 물론 자기만의 방이 없거나 도저히 집중할 수 없을 정도로 시끄러운 환경이라면 다른 장소를 물색해야 할 필요가 있겠지만 말이다.

중요한 것은 '난 꼭 여기서 해야지만 잘 돼'라는 생각이 고정관념에 불과하다는 사실을 인식하는 것이다. 어디서든지 공부할 수 있는 연습을 하자. 그러면 그 어떤 상황에 처해도 뭐든지 열심히 할 수 있게 된다. 실천하는 연습을 하다 보면 자기 안에 들어 있는 고정관념들과 자주 마주치게 될 것이다. 우리가 은연중에 안 된다고 생각했던 많은 것들이 사실은 불가능해서가 아니라 시도하지 않았기 때문이라는 사실도 깨닫게 된다.

'하지 않는 연습'도 중요하다. 만일 게임을 좋아하는 사람이라면 게임 아이콘을 바탕화면에 띄워놓고 일주일 동안 클릭하지 않는 연습을 해보라. 웬만해선 견디기 힘들 것이다. 너무 어려우면 하루만 참아보는 것도 좋다. 하루를 무사히 참아냈다면 이틀을 참아내는 연습으로 점차 시간을 늘려간다. 사고 싶은 물건을 사지 않는 것도 좋은 연습이다. 꼭 사야 할 물건이 있다면 한 달간 참았다가 사는 연습을 해보라.

버리고 싶은 습관도 조금씩 실천하며 고칠 수 있다. 자기도 모르게 자꾸 비교하는 것도 버려야 할 나쁜 습관이다. 가령 나보다 못한 사람을 보고 위로받는다는 것은 나보다 잘난 사람을 부러워한다는 뜻이기도 하다. 그러나 행복은 이 모든 비교로부터 벗어난 상태라야 가능하며, 거기에서 진정한 자신감이 생겨난다. 따라서 칭찬에 자만하지 말고 비판을 너무 심각하게 받아들이지 않는 마음과 자세가 중요하다. 칭찬과 비판을 있는 그대로 수용하되 너무 심각하게 받아들이지는 말자.

무언가를 반복해서 연습한다는 것은 신경 회로와 호르몬에 새로운 길을 튼다는 뜻이다. 버리고 싶은 습관을 버리기 위한 연습, 갖고 싶은 습관을 갖기 위한 연습은 꾸준한 반복과 연습을 통해 얼마든지 가능하다. 그러니 지금부터라도 실천하자. 아직 늦지 않았다.

담담하게
물 흐르듯
최선을 다하는 삶

· 5 ·

굳이 죽기 살기로
하지 않아도 된다

"학교 다닐 때가 제일 좋았던 것 같아요. 학창 시절이 최고라고 수업 시간에 후배들한테 말 좀 해주세요. 학생 때는 모르거든요. 요즘엔 주말에도 일해야 할 때가 많아요. 지치는 것 같아요. 다음 주말에는 쉴 수 있으니까 설악산이나 지리산에 다녀올까 해요."
"주말에 쉰다는 핑계로 꼭 멀리 놀러 가야 해? 지치고 힘들 때는 차라리 방바닥에 드러누워서 하루 종일 아무것도 하지 않는 게 훨씬 나을 수도 있어."
"그러고 보니 여행을 다녀와서도 개운치 않고 계속 피곤했던 것 같아요."
"그냥 한없이 푹 쉬어봐. 옆에서 볼 때 한심할 정도로 푹 쉬어보는 거야."

세상만사 쉬운 일은 없다. 오히려 일이 쉽게 풀릴 때일수록 경계해야 한다. 사실은 그저 운이 아주 좋거나 무언가 어긋나서 일이 술술 풀리는 경우가 있을 수 있기 때문이다. 어느 성공한 사업가가 이런 말을 했다.

"남들은 나더러 운이 좋다며 많이들 부러워합니다. 하지만 전 사실 20년 넘도록 밤낮 없이 고민하면서 미친 듯이 일했어요. 죽기 살기로 말입니다. 그러다 우연히 기회를 잡아 성공할 수 있었죠. 만일 죽기 살기로 일하지 않았다면 그런 기회는 결코 잡지 못했을 거예요."

남들의 부러움을 살 만한 위치에 도달한 사람들 가운데 적당히 해서 성공한 사람이 과연 몇이나 될까? 대부분은 죽기 살기로 노력한 사람들이다. 물론 죽기 살기로 일하는 사람이 성공할 확률이 높은 건 사실이다. 하지만 그렇게 아득바득 매달리지 않아도 얼마든지 최선을 다할 수 있다. 바라는 결과를 빨리 얻고 싶거나 욕망이 너무 클 때 우리는 죽기 살기로 달려든다. 그 과정에서 필요 이상의 집착이 생기고 집착은 곧 의사 결정의 오류와 행동의 실수를 낳는다. 게다가 죽기 살기로 달려들면(게으른 것보다는 낫지만) 건강 이외에도 많은 것을 잃을 수 있다.

속도는 중요하지 않다. 다만 목적지로 향하는 매순간마다 한껏 몰입하는 그 자체에서 기쁨을 누릴 수 있어야 한다. 순간순간을 가득 채웠으니 그것만으로도 이미 즐겁고 결과까지 좋으면 그 또한 흐뭇한 일이다.

그 어느 때보다 '쉼'의 가치가 높아지고 있는 요즘이다. 담담하게 물 흐르듯 최선을 다하라는 말은 '휴식이 있는 치열한 실천'을 뜻한다. 일정 간격으로 쉬지 않으면 오히려 성과가 떨어진다는 것은 누구나 잘 알고 있는 얘기다. 페르시아에서는 카펫을 짤 때 아주 작고 섬세한 흠을 하나 남겨둠으로써 '의도적인 미완성'을 만든다. 이것을 '페르시아의 흠'이라고 한다. 인디언들은 구슬 목걸이를 만들 때 일부러 깨진 구슬을 하나 꿰어넣고 그것을 '영혼의 구슬'이라고 부른다.

음악, 미술, 운동, 독서, 여행 등은 대표적인 휴식 방법이다. 휴식은 말 그대로 휴식다워야 한다. 무료함을 견디지 못해 주말에 어딘가로 여행을 떠나는 것은 사실 휴식이 아니다. 차라리 '아무것도 하지 않는' 시간, 자신을 철저히 내버려두는 시간을 갖는 편이 더 낫다. 때로는 아무것도 하지 않고 그저 가만히 쉬는 여유도 필요하다. 이런 후식이 있어야 다시 부지런히 움직일 수 있다. 가능하다면 아무 생각도 하지 않고 아무런 느낌도 갖지 않은 채 자신을 공백 상태로 놔둘 수 있어야 한다.

일 년에 한두 번 정도는 '정신줄을 놓은 채' 미친 듯이 놀아보자. 고대 그리스의 디오니소스 축제처럼 말이다. 이 축제는 자칫하면 퇴폐적이라고 느껴질 만큼 광란적이다. 하지만 사람이 어떻게 평생 이성적으로만 살아갈 수 있을까? 일 년에 한두 번쯤은 두뇌의 합리적 기능을 모두 꺼놓고 열정적으로 실컷 노는 것도 좋다. 배터리를 오래 쓰려면 100%가 아닌 80%만 충전해야 한다. 여백이 있어야 오래 간다는 뜻이다.

미국 대학생들은 금요일 오후만 되면 잔디밭에 오디오를 가져와 선탠을 하고 춤을 추며 마음껏 주말을 즐긴다. 그리고 언제 놀았냐는 듯 다음 날 저녁부터 다시 무섭게 공부를 시작한다. 유학 초기 나는 이런 문화에 적응하느라 힘들었지만 나중에 보니 찔끔찔끔 노는 것보다는 미친 듯이 짧게 놀고 다시 공부하는 것이 훨씬 생산적이라는 사실을 알게 되었다.

비전과 전략을 위해 오직 실행만을 생각하며 쉬지 않고 달린다면 그것 역시 기계적인 삶에 불과하다. 비전과 전략을 위해 산다는 것은 무조건 계획에 맞춰 무미건조하게 산다는 의미가 아니다.

반대로 지나치게 쉬면 게으름이 된다. 게을러지는 순간 휴식은 끝나며 그때부터 몸과 정신이 피폐해질 수 있다. 잠시라도 확실하게 몰두하지 못하고 계속 지지부진하게 공부하는 것도 사실상 계속 노는 것과 마찬가지다. 게으름은 노동보다 훨씬 더 몸과 마음을 피로하게 한다. 게다가 게으른 것은 편한 것도 아니며 지극히 소모적이다. 게으르면 편히 쉬는 것이 아니라 끊임없이 쓸데없는 생각을 하기 때문이다. 쓸데없는 생각은 에너지를 엄청나게 갉아먹는다.

뉴질랜드에는 경제적으로 부유한 한국인들이 꽤 많이 살고 있다. 하지만 생각보다 직장 구하기가 쉽지 않아 처음 몇 년간은 한국에서 가져온 돈을 쓰면서 쉬기만 한다. 뉴질랜드는 낚시와 골프의 천국이어서 처음에는 이게 웬 떡이냐 하며 실컷 놀지만 딱 1년만 지나면 지루하고 재미없어한다. 그때쯤 되면 대부분 한국을 그리워한다.

"한국은 재미있는 지옥인데 뉴질랜드는 재미없는 천국이에요."

낚시를 좋아하는 사람이 직장을 그만두고 하루 종일 낚시만 한다면 금세 지루해질 것이다. 설렘이 사라졌기 때문이다. 사실 그가 즐거울 수 있었던 것은 금요일에 일을 마치고 낚시를 갈 수 있다는 설렘 덕분이다. 취미로 방학마다 전 세계를 돌아다니는 교사가 있다. 그는 직장 생활이 즐겁다. 그에게 직장 생활이란 또 다른 여행을 준비하는 전 단계이기 때문이다. 일과 취미, 일과 휴식은 공생 관계에 있다. 어느 한쪽으로만 치우치면 결국 이 관계는 무너지고 말 것이다.

휴식은 온갖 잡념을 멀리하는 안식과 평화의 기간이다. 좋은 휴식을 위해서 잡념을 떨쳐버릴 수 있는 명상을 연습해보는 것도 좋다. 제대로 된 휴식은 우리에게 보다 풍요로운 삶을 가져다줄 테니 말이다.

약간의 과부하가 필요한 이유

"저는 욕망을 억제할 수 있는 사람이 되고 싶어요."
"금욕주의자가 되겠다는 뜻인가?"
"그 정도까지는 아니더라도 최소한 욕망에 휘둘리고 싶진 않아요."
"대단하네. 하지만 어느 쪽이든 극단으로 치우쳐선 곤란해. 그렇다고 중간에만 머무는 것도 또 하나의 극단이지. 그냥 '약간의 과부하'가 걸린 상태가 바로 중도야."

우리는 불확실성, 복잡성, 상호 의존성, 비선형성, 상대성으로 중첩된 모순, 혼란, 갈등의 시대를 살고 있다. 시장 자본주의가 주도하는 이 세상은 냉혹하고 무자비하며 승자 독식과 무한 경쟁이 난무한다. 인간의 인지 능력에는 한계가 있기에 이성적이라기보다는 감성적이며, 논리적이라기보다는 충동적이다. 그래서 우리는 비전과 전략을 실행하는 동안 수많은 걸림돌을 만난다. 이런 세상에서 합리성, 일관성, 도덕성, 명확성에 지나치게 집착한다면 그것은 또 하나의 극단에 지나지 않는다.

세상을 지혜롭게 살아가려면 모호함, 모순과 동거해야 한다. 가령 옳고 그른 것의 경계는 생각보다 훨씬 더 모호할지도 모른다. 살인은 분명 나쁘고, 도둑질도 나쁘지만 이제는 대부분 일의 선악 판단이 과거에 비해 굉장히 모호해졌다. 탐욕과 이기심에 의해 제멋대로 살고 있는 사람에게는 솔깃한 말일 수도 있다. 자기의 행동을 합리화할 수 있는 그럴싸한 논리이기 때문이다. 여기서 모호함과 모순을 수용하라는 말은 합리성, 일관성, 도덕성, 명확성이라는 또 하나의 극단에 빠지지 말라는 뜻이다. 모호함과 모순은 옳은 일, 바른 길, 정의와 결합할 때만 실천의 지혜가 될 수 있다. 만약 이기심, 탐욕, 불의, 불공정, 불공평, 편견, 독선과 결합한다면 치명적인 극단에 빠지고 말 것이다.

모호함과 모순을 수용한다는 것은 중도적 실행을 의미한다. 우리는 앞에서 욕망을 따르는 삶이 얼마나 위험한지 수없이 살펴봤다. 그렇다고 금욕적인 삶이 바람직한 것도 아니다. 욕망도 극단이고 금욕도 극단이다. 뿐만 아니라 욕망과 금욕의 중간만을 고집하는 것도 역시 극단이다. 인생은 '나의 욕망과 어떤 관계를 맺을 것인가'의 문제이며 중도적 삶은 쾌락과 금욕이라는 양극단을 떠나 모호함과 모순 속에서 가치와 의미를 찾는 삶이다.

✦

운동을 할 때 얼마나 하는 게 가장 좋을까? 가장 좋은 운동 강도는 '너무 지나치지도 않고 너무 약하지도 않은', 즉 약간의 과부하가 걸리는 정도라 할 수 있다. 운동뿐만이 아니다. 공부든 일이든 무언가 몸과 마음에 자극을 주려면 평소의 자연스러운 상태, 어떻게 보면 게으른 상태를 약간 넘어선 강도가 좋다.

너무 편한 수준은 자극이 미미하고 너무 지나치면 역효과가 난다. 결국 가장 적절한 수준은 약간 힘들 정도로 노력하는 것이다. 그 정도를 어떻게 판단할 수 있을까? 오랜 기간 꾸준히 운동하면 적절한 과부하의 수준을 알 수 있다. 운동은 약간 땀이 날 정도의 수준이면 적절한 과부하다. 공부도 자기관찰을 꾸준히 하면 약간 과부하가 걸리는 적정한 수준을 알 수 있다. 직장에서의 일도 마찬가지다.

만일 좋아하는 것만 계속한다면 어떻게 될까? 두 가지 가능성이 있다. 중독이 되거나 아니면 금방 싫증이 난다. 사람들은 좋아하는 것을 하면 자기에게 유익하고 즐거울 것이라고 착각한다. 놀고먹는 생활이 행복할 거라는 생각도 착각이다. 계속 놀기만 하던 사람들이 '너무 잘 놀아서 행복하다'라고 말하는 경우는 거의 없다. 졸업할 때 '4년 동안 실컷 놀아서 너무 행복해요'라고 말하는 학생을 나는 본 적이 없다. 그렇게 놀았던 학생들은 졸업할 때 우울해진다. 무언가 성취하고 졸업하는 학생들의 얼굴이 더 밝다. 졸업할 때 흐뭇한 마음으로 졸업할 수 있을 만큼 4년간 잘 놀기란 매우 어렵다.

잘 놀기 위해서는 유능해야 한다. 그렇게 유능한 사람이 있다면 한번 만나고 싶다. 하루를 즐거운 일로만 채울 수 있는 사람이 있다면 그는 정말 탁월한 사람이다. 그러니 일찌감치 잘 노는 걸 포기하는 건 어떨까? 그렇다고 '공부가 최고야'라고 말하려는 건 아니다. 놀기만 하는 인생도 극단이고 그저 공부만 하는 인생도 극단이다. 노는 것도 공부하는 것도 약간의 과부하가 걸린 그 상태를 유지할 수 있어야 한다.

비전과 전략을 실행할 때 약간의 과부하가 바로 '중도'이다. 우리는 중도를 산술적 평균이나 중간 숫자 정도로 생각하는 버릇이 있다. 중도를 적당한 타협이나 안락한 상태로 오해하는 것이다. 세상의 모든 것을 선형으로만 생각하면 중도를 중간 지점으로 착각하기 쉽다. 하지만 중도는 '극단에 치우치지 않음'이다. 중간을 고집하는 것도 또 하나의 극단이다.

완벽주의 역시 극단의 또 다른 이름이다. 유학 초기 나는 영어 때문에 미국 학생들보다 공부하는 데 훨씬 더 많은 시간이 필요했다. 교재를 볼 때도 늘 꼼꼼하게 한 문장씩 체크하며 공부했는데 그러다 보니 도대체 진도가 나가질 않았다. 어떨 때는 사전을 아무리 찾아도 문장을 이해할 수 없었다. 계속 시간에 쫓기다 결국 더 이상 주저주저하고 있을 수만은 없어 그냥 대충대충 다음 페이지로 넘어갔다. 모르는 부분을 그냥 놔둔 채로 넘어간다는 게 여간 께름칙한 일이 아니었지만 시간이 없는데 어쩌겠는가.

결국 나는 께름칙한 일에 점점 익숙해졌고 나중에야 그게 더 현명한 방법이라는 사실을 깨달았다. 진도를 나가다 보면 께름칙한 부분들이 자연스럽게 이해가 되는 것이었다. 시간 부족으로 완벽주의를 실천할 수 없었기 때문에 오히려 현명하게 공부하는 법을 터득할 수 있었던 셈이다.

완벽주의자들은 공부할 때 오히려 손해를 보는 경우가 더 많다. 과감하게 생략할 것은 생략하고, 뒤로 넘어갈 때는 넘어가야 하는데도 작은 것에 연연해 오래도록 지체하다가 시간만 낭비한다. 공부란 선형적인 과정이 아니기 때문에 처음엔 이해하지 못하더라도 뒷부분에서 깨달을 수도 있고 두 번째 읽을 때 이해할 수도 있다. 일도 공부와 마찬가지로 과감해야 할 필요가 있으며 전체를 잘 보는 균형 감각도 있어야 한다. 인생도 너무 완벽하게 살려고 하면 안 된다. 어떨 때는 대충 살아야 할 때도 있다.

세상은 비선형적이므로 중도란 약간의 과부하이거나 약간 부족한 상태이다. 경험에 비춰봤을 때 비전과 전략을 실행할 때 중도란 약간 부족한 상태가 아니라 약간의 과부하라고 할 수 있다. 모호함과 모순을 수용하는 것도 중도이고 쾌락과 금욕의 양극단을 피해 가치와 의미를 찾는 것도 중도이다. 때로는 쾌락을 추구하고 때로는 금욕을 추구하는 것 역시 중도이다. 담담하게 물 흐르듯 최선을 다할 때의 최선이란 약간의 과부하 상태를 말한다. 약간의 과부하는 놀랄 만한 결과를 만들어낸다.

그냥 해버리면
마음도 바꾼다

"고시 공부를 하고 있는데 휴학 때문에 고민이에요. 휴학을 하면 나태해져 공부를 안 할 것 같아서요. 그렇다고 휴학을 안 하자니 학과 공부랑 고시 공부를 병행해야 하니까 시간이 부족할 것 같아요."
"그럼 휴학을 하고 나태해지지 않으면 되잖아. 그냥 열심히 공부하면 되는데 뭘 고민해?"
"만약 제가 휴학을 안 하게 되면요?"
"그럼 학과 공부랑 고시 공부를 병행해야 하니까 더 많은 시간을 확보하면 되잖아. 노력하는 게 두려운 거야, 아니면 자신이 없는 거야? 자투리 시간을 잘 활용하거나 쓸데없는 일에 시간 낭비를 줄이고 더 많이 시간을 확보하면 돼. 그렇게 해서 더 열심히 공부하면 돼. 아주 쉽지?"

군대 갔다 왔더니 머리가 잘 안 돌아간다는 학생들이 꽤 많다. 그럴 만도 하다. 2년 동안 학교를 떠나 있었으니 책이 손에 안 잡힐 수도 있다. 그때마다 나는 학생들에게 이렇게 되묻는다.

"게임할 땐 머리가 잘 돌아가지?"
"예."
"거 봐."

게임을 할 때 머리가 잘 돌아가면 공부를 할 수 있는 머리, 새로운 것을 배울 수 있는 머리, 직장에서 어떤 일이라도 잘 수행할 수 있는 머리가 있는 것이다. 일단 하자. 그럼 머리가 잘 돌아가기 시작한다.

번지 점프를 하는 사람들을 보면 대략 세 부류가 있다. 하나, 둘, 셋 하면 그냥 뛰어내리는 사람과 아예 처음부터 포기하는 사람, 그리고 뛸까 말까 망설이며 30분, 1시간씩 고민하다가 결국 주저앉는 사람……. 망설이는 사람이 뛰어내릴 확률은 아주 희박하다. 게다가 망설이는 사람은 다른 사람들보다 더 많은 스트레스를 받고도 실패하기 때문에 이중으로 손해다. 우리가 고민이라 부르는 것의 실체는 결국 할까 말까를 망설이는 어중간한 마음 상태이다. 그런 고민과 스트레스를 없애려면 포기하거나 그냥 하는 수밖에 없다.

앞서 말했듯이 비전과 전략을 대충 수립하면 일단 실천해야 한다. 완벽해질 때까지 실행을 미루다 보면 비전과 전략을 실천할 기회는 영영 오지 않을 수도 있다. 적당한 시점에서 실천을 통해 비전과 전략의 문제점을 고쳐 나가야 한다. 그때그때 수정하면서 계속 실행하면 언젠가는 비전과 전략이 제법 모습을 갖추게 된다.

'나의 강점과 약점을 고려해 비전과 전략을 수립했지만 이것이 과연 나와 맞을까?' 이리저리 재서 최대한 시행착오를 겪지 않고 싶겠지만 정작 해보지 않으면 알기 어렵다. 오히려 시행착오를 피하려고 머뭇거릴수록 더 큰 손해를 본다. 그러니 뭐든지 과감하게 시작하는 태도가 필요하다. 선배나 친구들과 의논하거나 책상 앞에 앉아 밤낮으로 고민해 봤자 좋은 의사 결정을 하는 데 별 도움이 되지 않는다. 머리로 상상하고 정보나 자료를 이용해서 결정하는 데에는 분명 한계가 있다. 실제로

해봐야 한다.

나는 고시에 떨어진 적이 없다. 왜냐하면 한 번도 응시한 적이 없기 때문이다. 나는 2학년 때부터 고시 공부를 했지만 6개월 뒤에야 비로소 내가 원하는 길이 아니라는 사실을 깨달았다. 그럼 6개월이란 기간이 낭비였을까? 그 6개월이 없었다면 나는 아마 평생 고시에 미련이 남아 있었을 것이다. 단 몇 개월만이라도 공부를 해보니 확실하게 내 장점과 단점을 파악할 수 있었고, 이내 다른 길을 선택할 수 있었다. 만일 6개월이 아까워서 시도조차 하지 않았다면 영원히 내가 고시에 맞는지 안 맞는지 알 수 없었을 것이다.

생각 없는 실행도 어리석지만 너무 생각이 많아도 별 소득이 없다. 공자는 종일토록 먹지 않고 밤새워 생각했지만 정작 얻은 것이 없었으며 차라리 열심히 공부하는 것만 못하다고 말했다. 하루의 10분의 1만 비전과 전략의 수립, 점검, 수정, 보완에 사용하고 나머지 시간은 그저 열심히 움직이는 게 최고다.

될까 안 될까를 놓고 너무 고민하지 말자. 되겠다 싶으면 실행에 옮기고 안 되겠다 싶으면 과감히 버리자. 간단하지 않은가? 어떤 학생이 찾아와 명문 로스쿨에 진학하고 싶다며 고민을 털어놓은 적이 있다. 그래서 내가 말했다.

"그냥 열심히 하면 되잖아?"

군대 갔다 와서 행정고시를 준비해야 하는지, 아니면 행정고시에 합격하고 군대에 가야 하는지를 묻는 학생들도 많다. 지켜본 바에 의하면 합격할 사람은 군대 가기 전에 준비하든 다녀온 뒤에 준비하든 합격한다. 자신의 비전과 전략을 놓고 봤을 때 고시가 맞겠다 싶으면 앞뒤 재지 말고 과감하게 덤벼야 한다. 군대 가기 전에 행정고시 준비를 하다 보면 시간이 늘어지고 안 되겠다 싶은 생각이 들 수도 있다. 그럼 빨리 군대를 마치고 돌아와 다시 공부하면 된다. 이런 문제를 가지고 고민하는 것은 낭비에 불과하다.

    사실 많은 학생들이 입대 전까지 남은 기간 몇 달을 허송세월한다. 제대 후에 정식으로 공부를 하겠다는 것이다. 맞는 말이다. 미리 책을 사봐야 제대할 때쯤이면 개정판이 나오는 등 손해가 많다. 그러나 입대 전에 책을 사지 않고도 공부할 수 있는 방법은 많다. 도서관에도 책이 있고 지금 갖고 있는 책도 있다. 과거에 수강했던 내용도 반드시 출제된다. 군대 가기 전에 공부해봐야 다 잊어버리지 않겠느냐는 학생도 있다. 그런 논리라면 대학 시절에 공부한 것도 졸업 후 2년만 지나면 모두 잊어버릴 텐데 굳이 공부를 해야 할 필요가 있을까? 그러니 일단 공부를 하면서 군 복무에 대해 고민하는 것이 현명하다.

    그렇다고 계획 없이 무조건 시작하라는 이야기가 아니다. 실천하면서 계획을 세우고 또 실천 과정에서 그 계획을 수정하라는 뜻이다. 만반의 준비를 갖추고 시작하는 사람은 결코 행동 지향적인 사람이 아니다. 공부를 시작했는데 잘 안 되면 군대에 갔다 와도 좋고 잘 되면 계속해도 좋다. 공부를 해보면 대강 얼마나 걸릴지 알게 된다. 길어질 것 같으면 먼저 군대를 가면 된다. 몇 달 공부한 것이 있다 하더라도 너무 아까워하지 말자. 손해 보지 않고 인생을 사는 방법은 없다. 손해를 보기 싫어서 공부를 시작하지 않은 채 계속 고민만 한다면 한두 달 금방 시간이 가버린다. 뭐든지 대충 계획을 세운 뒤에는 일단 시작해야 한다.

    비전과 전략을 성공적으로 세우기 위해서는 실행이 관건이다. 내가 대학 시절 행정고시를 막 시작했을 때 선배에게 물었다.

"고시 합격에는 머리, 건강, 돈 세 가지가 필요하다던데 맞아요?"

선배는 피식 웃으며 이렇게 대답했다.

"고시는 성격이야."

세월이 지나 지금 생각해보니 그 선배 말이 맞았다. 그냥 무작정 실천하는 성격이 유리하다. 주위를 둘러보면 계획은 잘 세우는데 실천을 못하는 사람이 의외로 많다. 계획을 세웠으면 일단 실천하는 사람이 경쟁력 있는 사람이다.

한번은 중간고사를 망치고 나에게 찾아온 학생이 있었다. 그 학생은 내게 잘못된 행동을 했다고 고백했지만 내가 보기엔 큰 문제가 아니었다. 그런데도 그 사소한 실수 때문에 자책감에 시달리다가 급기야는 중간고사를 망친 뒤 자학을 하고 있었던 것이다. 근본적인 치유보다는 기말고사가 코앞에 닥쳐 있어서 우선 비상조치가 필요했다.

"어디서 공부해야 제일 잘 돼?"

"도서관이요."

"그럼 나하고 약속 하나만 하자."

"어떤 약속이요?"

"매일매일 도서관에 도착하면 나한테 문자를 보내주기로."

그랬더니 매일같이 도서관에 도착했다는 문자가 왔다. 일주일쯤 지났을 때 나는 매일 보고할 필요는 없고 그냥 며칠에 한 번씩만 알려달라고 했다. 그렇게 기말고사를 치른 결과, 중간고사를 망친 것에 비하면 제법 괜찮은 성적이 나왔다. 게다가 자신을 괴롭히던 자책감도 어느새 잦아들고 다시 정상으로 되돌아갔다. 그 학생은 그저 매일 공부한 것밖에 없었지만 그것만으로도 한동안 공부를 못하게 만든 원인이 사라진 것이다. 자학의 원인이었던 그 실수가 사실은 하나도 잘못되지 않았다고 단호하게 말해준 것 이외에 특별히 내가 한 일은 없었다. 단지 스스로 도서관에 가서 공부하는 행동 그 자체가 마음에 영향을 미친 것이다.

행동은 마음에 영향을 미친다. 그러니 일단 하자. 마음이 바뀌어야 행동이 바뀌지만, 행동을 바꿈으로써 마음이 바뀌기도 한다. 마음이 훌륭해서 훌륭한 일을 하는 것이 아니라 훌륭한 일을 하기 때문에 마음이 훌륭해질 수도 있다. 마찬가지로 적극적으로 행동하면 적극적인 성향으로 바뀐다. 도저히 공부할 마음이 나지 않는 학생이 억지로라도 공부를 하면 나중에 공부할 마음이 생겨 열심히 할 수도 있다. 우울증에서 벗어나지 못하는 사람이 열심히 일을 해서 우울증에서 벗어나기도 한다. 때로는 공부할 마음이 생길 때까지 기다리지 말고 우선 공부해보자. 그러면 놀랍게도 마음 역시 달라진다. 행동과 마음은 언제나 서로 영향을 주고받는다는 사실을 잊지 말자.

일단 해보고 하는 후회가 더 낫다

"학교 다닐 때 이것저것 안 해본 일이 없는 친구가 있어요. 그런데 졸업할 때 후회를 하더라고요. 호기심에 이끌려 온갖 일을 다 하느라 정작 취업 준비를 못했다면서요."
"그럼 넌 어때? 후회하는 일 없어?"
"저야 뭐 그 친구에 비하면 딴 데 신경 안 쓰고 착실히 공부해온 편이라 별로 후회할 일이 없죠."
"그럼 해본 일이 별로 없기 때문에 후회할 일도 없다는 뜻이네?"

누가 내게 사는 것이 무엇이냐고 묻는다면 나는 '후회의 연결' 혹은 '후회의 사슬'이라 말하고 싶다. 인생은 후회가 점박이처럼 박혀 있는 그림과도 같다. 아무리 피하려 해도 주기적으로 후회할 일이 생긴다. 마치 살기 위해 숨을 쉬는 것처럼 우리는 살아가는 동안 당연히 수많은 후회를 한다. 그것이 인생이다.

후회는 딱 두 종류다. '그때 했었더라면' 하는 후회와 '그때 하지 말았어야 했는데'라는 후회다. 인생에서 어차피 후회를 피할 수 없다면 나는 둘 중에서 '그때 하지 말았어야 했는데'라는 후회를 택하겠다. 해보고 후회하는 것이 안 해보고 미련을 갖는 것보다는 낫기 때문이다.

내가 기숙사 사감이었을 때의 일이다. 여학생 B를 좋아했지만 선뜻 말 한마디조차 건네지 못하는 남학생 A가 있었다. 사실 남녀 사이에 이 것저것 따져볼 일이 얼마나 많은가. 정작 상대방은 관심이 없을 수도 있는데 자기 혼자 애태우면서 자존심과 부끄러움까지 고려하다 보니 걸리는 게 많았을 것이다. 가슴앓이를 하던 남학생 A는 결국 나에게 찾아와 조언을 구했다. 나는 용기 있게 사랑을 표현하라고 말했지만 끝내 그는 고백을 하지 못했다. 졸업을 하고 세월이 흐른 어느 날, 여학생 B가 근처에 볼일이 있어 왔다가 인사차 내게 들렀다. 이런저런 이야기를 나누던 중 자연스럽게 남학생 A 이야기가 나왔다. 나는 그제야 A의 짝사랑이 생각나 B의 마음을 살짝 떠보았다. 그랬더니 B는 언제나 A에게 관심이 있었고 그가 말을 걸어주기만을 기다렸었다고 말했다. 하지만 이미 세월이 너무 흘러 둘은 맺어질 수 없는 상황이었다. 남학생 A도, 여학생 B도 단 한마디의 고백을 하지 못해 영영 기회를 놓친 것이다. 나는 혼잣말처럼 중얼거렸다.

"쯧쯧, 말이라도 한번 붙여보지. 안 해보고 후회하는 것보다 해보고 후회하는 것이 더 나은데……."

시간이 지나고 나면 아무것도 아닌데 돌이켜보면 왜 그렇게 망설이고 주저하고 포기했는지 후회되는 일이 정말 많다. 그냥 해보면 될 것을 알량한 자존심 때문에, 아주 하찮은 것이 마음이 걸려서, 혹은 수줍음 때문에 주저주저하다가 영원히 흘려보내는 것들이 얼마나 많은가? 아무도 기억하지 못하는데 자기 혼자 만든 세계 안에서 부끄러워하고, 아무도 관심이 없는데 마치 모든 사람들이 자기한테만 집중하고 있는 것처럼 신경 쓰는 일이 얼마나 많은가? 고집을 피운다고 해서 상대방이 높이 평가해주는 것도 아닌데 작은 일에 집착하느라 영영 기회를 놓쳐버리는 일은 또 얼마나 많은가? 외국의 어느 심리학 잡지에 죽음을 앞둔 한 노인의 글이 실린 적이 있다. 거기에 이런 말이 나온다.

"다시 태어난다면 좀 더 실수하고 바보 같은 짓도 실컷 하면서 살고 싶다."

설령 후회할지언정 일단 달려들고, 부딪혀보고, 저질러보자. 실수하더라도 별거 아니다. 바보 같은 짓도 때로는 이익이 될 수 있다. 아무것도 시도하지 않아서 후회하는 것보다 훨씬 낫다.

나는 잘못을 저지른 학생에게 대체로 두 가지 말을 해준다. 첫째, 웃으면서 다시는 하지 말라고 한다. 그러면 대부분 안 하겠다고 하면서 안심한다. 사실 달라진 것은 하나도 없다. 다시는 하지 말라고 말했을 뿐이다. 둘째, 아무것도 아닌데 뭘 그걸 가지고 그러냐고 말해준다. 그러면 또 안심한다. 역시 달라진 것은 하나도 없다. 별거 아니라고 말해주었을 뿐이다.

젊은 시절에는 정말 아무 이유 없이 엉뚱한 짓을 저지르기도 하고 사소한 계기로 실수를 하기도 한다. 해보고 나서 정말 후회된다면 다시는 안 하면 된다. 별거 아니다. 실수는 다시 안 하면 되니까 너무 소극적으로 살지 말자. 그 대신 후회하더라도 일단 해보고 후회하는 적극적인 삶을 살도록 노력해보자.

삶이 힘든 건
오해와 착각 때문이다

"저번에 1차 시험에서 떨어지고 정말 힘들었어요."
"1차 합격이 불가능한 일일까?"
"아뇨. 불가능하다면 애초에 시작하지도 않았을 테니까요."
"그래, 힘든 것과 불가능한 것은 전혀 별개야. 불가능하지만 않으면 얼마나 다행이야. 그건 가능하다는 얘기니까."

홀어머니와 함께 사는 Y는 가난 때문에 늘 좌절을 겪어야 했다. 하지만 학문에 대한 꿈만큼은 포기하지 않았다. 그는 밤낮으로 수많은 아르바이트를 하며 공부했고 어렵사리 대학을 졸업할 수 있었다. 직장에 들어가서도 허리띠를 졸라매며 돈을 모았다. 그렇게 모은 돈으로 유학을 떠났고, 지금은 박사 학위를 마친 뒤 캐나다에서 대학교수가 되었다. 그의 집안 형편과 불우한 환경을 생각한다면 정말 기적과도 같은 일이다. Y

는 그 어려운 처지에도 불구하고 자신의 전략을 의심하지 않은 채 불평 한마디 없이 묵묵히 자기의 길을 갔던 것이다.

최악이라 불리는 상황에서도 자신과 세상을 있는 그대로 바라보면 놀랍게도 살아갈 길이 보인다. 그 길을 끝까지 갈 수 있도록 하는 것이 바로 비전과 전략이다. 최악의 상황이기 때문에 최선을 다할 수밖에 없다는 동기도 작용한다. 남보다 불리하더라도 어쩌겠는가? 불리하다는 사실에 억울해 하기만 하면 영영 그 굴레에서 탈출하지 못한다.

어렵고 힘든 일에 처했을 때 가장 도움이 되지 않는 것이 불평이다. 불평은 현실을 바꿀 수도 없을뿐더러 알게 모르게 좌절의 빌미를 만든다. 어려운 일은 어려운 일이고 힘든 일은 힘든 일일 뿐이다. 적어도 불가능한 일은 아니지 않은가? 불가능은 사람을 절망하게 한다. 죽도록 노력해도 소용없으니까. 그래서 나는 어려운 일, 힘든 일에 대해서는 불평하지 않기로 했다. 적어도 불가능하지는 않기 때문이다.

사람들은 고통을 겪을 때마다 '이 고통만 사라지면 뭐든지 할 것 같다'라고 생각한다. 다른 고통은 다 잘 참을 수 있어도 이 고통만큼은 정말 참기 어렵다는 생각도 한다. 내가 지금 겪는 고통이 지나간 고통이나 닥쳐올 고통보다 더 커 보이는 것이다. 떡은 남의 것이 더 커 보이는데 고통은 나의 고통이 더 크게 느껴진다. 지금의 이 고통만 없으면 다 잘 될 것 같은 생각이 들지만 고통은 늘 새로운 모습으로 다시 찾아오기 마련이다. 끝없이 찾아오는 것이 고통이라면 이제 고통을 대하는 우리의 태도를 바꿔야 하지 않을까?

세상의 사물과 현상을 올바르게 볼 수 있는 사람은 고통도 있는 그대로 가감 없이 볼 수 있는 사람이다. 그들은 아무리 힘든 일이라도 불가능하지만 않다면 반드시 희망의 빛이 있다고 믿는다. 그러나 희망이 보인다고 해서 욕망을 가동시키지는 말자. 담담하게 물 흐르듯 매순간 최선을 다하면서 여유 있게 가자. 최선을 다했으니 기다리는 즐거움이 있다. 최선을 다하며 집중하는 즐거움도 있다.

만일 최선을 다했는데도 이루어지지 않는다면 어떻게 할 것인가? 그래도 좌절하기엔 이르다. 세상은 모호한 것투성이라고 했다. 지금의 실패가 과연 실패로 막을 내릴지, 아니면 더 큰 성공을 위한 거름이 될지는 아무도 장담할 수 없다. 다만 지금 이루어지지 않은 것에 대해 너무 집착함으로써 그 다음 일에 영향을 미치지 않도록 하자.

지금은 과거와 달리 상상도 못한 일들이 불쑥불쑥 생겨나는 시대이다. 비전과 전략에 따라 충실히 살아가더라도 뜻밖의 상황이 발생할 수 있다. 힘든 일이 생기면 가장 먼저 최악의 상황을 상상해보는 것이 좋다. 최악의 상황은 처음에는 절망적으로 보이지만 자세히 보면 그 속에서 해법을 찾을 수 있다. 방법이 보이면 희망이 있다는 증거이고 힘든 일도 생각보다 별것 아닐 수 있다. 힘든 일 앞에서 걱정과 불안만을 자꾸 덧칠하면 장애물은 더 커 보인다. 최악의 상황에서도 대처 방법이 있다는 걸 안다면 어떤 스트레스를 받고 어떠한 공포가 밀려오더라도 담담하게 물 흐르듯이 있는 그대로 보면서 해결해 나갈 수 있다.

로맨틱한 방황은 이제 그만

"저도 어학연수를 다녀와야겠어요. 다들 가는데 저만······."
"어학연수 다녀온 사람들 얘기 들어보면 일상 회화가 조금 느는 것 말고는 별거 없다던데, 국내 학원에서도 충분히 배울 수 있지 않을까?"
"워킹 홀리데이는 한국에서 할 수 없잖아요?"
"누구는 하루 종일 토마토만 따고 영어는 써볼 기회도 없었다던데······. 모두가 로맨틱한 방황 중인 게 아닐까? 남들이 하니까 안 하면 불안하고 외국에서 뭔가 멋진 일이 생길 것 같기도 하고 말이야. 하지만 영화 속 장면 같은 인생은 없거든."

행동 지향적으로 살아야 하는 건 맞지만 모든 것을 다 해볼 수는 없다. 만일 '하면 좋다는 일들'을 다 해야 한다면 이 세상은 해야 할 일로 넘쳐날 것이다. 사실 우리는 더 좋은 길이 있음에도 불구하고 남들이 하니까 무심코 따라 하는 경우가 많다. 예를 들면 우리나라 학생들은 모두가 영어를 잘해야 한다는 압박감에 사로잡혀 있다. 평생 영어로 대화할 일이 거의 없는 대부분의 직장인들도 그저 영어, 영어다.

단지 영어를 배우기 위해 어학연수를 간다면 그것은 낭비다. 다만 외국의 문화를 체험하고 즐기겠다는 의도를 포함한다면 어학연수와 여행, 혹은 문화 체험이 될 테니 그런 비용은 감수할 만하다. 경제적으로 여유가 있다면 모르겠지만 오로지 영어만을 위해 어학연수를 떠나는 건 너무나 큰 낭비이다.

10년, 20년 동안 미국에 살고 있는 교포도 특별히 영어에 노력을 기울이지 않으면 영어 실력이 형편없다. 현지에 산다고 해서 무조건 영어 실력이 느는 건 아니다. 한국 교민들이 없는 지역에서 살더라도 단지 생활에 필요한 영어만 사용한다면 영어 실력은 그다지 늘지 않는다. 외국에 나가지 않고 한국에서도 얼마든지 영어를 잘할 수 있다. 외국인 강사들이 이미 한국에 많이 들어와 있지 않은가. 원어민과 대화할 수 있는 기회는 얼마든지 있다. 게다가 요즘에는 좋은 영어 교재와 교육 방법이 놀라울 정도로 많이 있다. 인터넷에도 훌륭한 영어 공부 자료와 정보가 넘쳐난다. 게다가 비용도 아주 저렴하다.

그래도 외국에 나가야겠다면 나는 어학연수보다는 외국 대학에서 수업을 듣거나 1년짜리 석사를 하라고 권하고 싶다. 보통 석사 학위는 2년 정도 소요되지만 영국은 대부분 1년이며 미국도 1년짜리 석사 학위 프로그램이 제법 있다. 하루 종일 그저 영어만 공부하는 것은 비효율적이다. 외국 사람들과 대화를 하게 되면 처음 몇 마디 정도만 일상 회화가 필요하다. 상대를 설득하고 상대의 말을 이해하는 능력은 정작 어학연수를 통해서 배우기가 어렵다. 그러나 대학 수업을 들으면 고급 영어가 가능해진다.

나는 미국으로 유학가기 전 학원에서 원어민 강사에게 영어를 잠간 배웠다. 사실은 같은 영어 교육이라도 원어민보다 한국인 강사가 더 적합한 분야가 있다. 영어는 영어 잘하는 한국인에게서 배우되, 실전이 필요한 부분만 원어민 교육이 유용하다. 적어도 내 경험으로는 그렇다.

대부분의 학생들은 어학연수 경험이 취업에 도움을 준다고 생각하는데 실상은 그렇지 않다. 학생들이 그렇게 생각하는 것은 근거가 부족하며 단순한 억측에 불과하다. 기업이 바보가 아닌 다음에야 어학연수 경험이 있다고 해서 무조건 영어를 잘할 거라고 생각할 리 없다. 실제로는 토플이나 토익 점수가 어학연수 경험보다 더 중요한 지표가 될 것이다. 굳이 어학연수를 다녀오지 않아도 토플이나 토익에서 충분히 좋은 점수를 얻을 수 있다.

최근 젊은이들 사이에서는 호주 워킹 홀리데이가 상당한 인기라고 한다. 워킹 홀리데이란 말은 워킹과 마치 휴식을 취하는 것처럼 홀리데이를 결합해 포장한 단어라 그런지 참 로맨틱하게 들린다. 하지만 로맨틱하다는 것은 그만큼 현실성이 떨어진다는 뜻이기도 하다.

내 주변에도 직장을 그만두고 호주로 워킹 홀리데이를 떠난 사람이 두 명이나 있다. 그들을 보며 나는 취업난이라는 말에 대해서 다시 한 번 생각하지 않을 수 없었다.

워킹 홀리데이는 분명 일해서 돈도 벌고 영어도 배운다고 하니 그럴싸하게 느껴진다. 워킹 홀리데이에서의 좋은 경험을 글로 적은 것도 보았다. 그러나 영어는 한국에 있는 원어민 강사에게 충분히 배울 수 있으며 돈도 꼭 외국에서 벌어야 하는 것은 아니다. 외국을 여행하고 문화 체험을 한다는 의미는 있겠지만, 외국 여행과 문화 체험은 방학 때 하거나 직장 생활과 병행하면서 할 수도 있지 않을까? 모든 것을 중단하고 갈만큼 소중한 기회라고는 생각하지 않는다. 어쩌면 로맨틱한 방황인지도 모른다.

요즘 대학가는 휴학이 유행병처럼 퍼져 있다. 이것 역시 워킹 홀리데이처럼 로맨틱한 방황이다. 휴학을 하고 어학연수를 가거나 아예 배낭여행을 떠나는 학생들도 많다. 도대체 방학 때 얼마나 소중한 일을 하려고 방학은 그냥 놔둔 채 학기를 휴학할까? 6개월간의 배낭여행 한 번보다는 방학을 이용해 두 달간의 배낭여행을 세 번 다녀오는 건 어떨까?

좋은 것들을 모두 체험하면 인생이 행복해질 거라고 착각하는 사람들은 좋은 것만을 찾는다. 워킹 홀리데이는 그런 면에서 사람들을 솔깃하게 만든다. 호주에서의 워킹 홀리데이가 좋은 추억이 될 수 있을지는 몰라도 그만한 대가를 치러야 한다는 사실을 잊어서는 안 된다. 추억을 떠올렸을 때 기분이 좋아지는 것은 한순간이다. 좋은 것만 따라다니게 되면 좋은 것이 사라졌을 때 불행해질 수 있다. 게다가 인생이 항상 즐거운 일로만 가득 차야 하는 것도 아니다. 로맨틱한 방황은 어쩌면 순간의 설렘은 줄 수 있을지 몰라도 지속 가능한 즐거움을 주지는 못한다.

인생은 각자의 레이스에서
자기만의 경기를 하는 것

"아, 벌써 가을이네요. 오늘 아침에서야 단풍을 처음 봤어요."
"사는 게 참 힘들고 어렵지? 단풍도 제대로 볼 수 없을 만큼 말이야."
"맞아요. 단풍 구경은 사치죠. 친구들은 그 시간에 책을 보고 있거든요."
"아니야, 아니야. 이 계절을 한껏 누려도 공부할 시간은 충분해."

잠시 눈을 들어 물끄러미 주변을 돌아본다. 단풍이 너무 고와 한참을 바라보노라면 문득 이 모든 아름다움이 공짜라는 생각이 든다. 안타깝게도 정작 우리는 이 사실을 모르고 산다. 눈은 세상의 풍경을 보고 있지만 시야는 가려져 있다. 과거의 화난 일이나 미래의 욕심 등 온갖 생각에 잠긴 탓에 눈이 있어도 잘 보이지 않는 것이다.

간밤에 내린 비가 도시의 하늘을 말끔히 씻어낸 어느 아침, 갑자기

비둘기 한 마리가 앞을 스치면서 저 멀리 아스팔트에 내려앉는다. 춤추는 가로수가 포근하고 낙엽 밟는 소리가 고즈넉하다. 이 아름다운 풍경은 늘 우리 곁에 있어 왔고 앞으로도 변하지 않을 것이다. 하지만 우리는 그저 앞을 향해 달려가고 있을 뿐이다. 취업 준비 때문에, 시험 때문에, 저마다의 고민거리 때문에 이 아름다운 풍경을 놓친다면 인생에서 다시는 오지 않을 순간을 잃어버리는 것이다. 잠깐 눈을 들어 하늘을 보자. 나뭇가지가 바람 따라 이리저리 흔들리는 모습을 음미해보자. 그래도 공부할 시간, 고민할 시간은 충분하다.

매순간 순간에 머물러 나를 둘러싼 모든 일과 변화를 알아차려야 한다. 일을 할 때는 일에 집중하고, 고민을 해야 할 때는 잡념 없이 치열하게 고민하되 나머지 순간은 온전하게 만끽해보자.

살면서 우리는 힘든 일을 겪을 때가 많다. 심리학자들은 힘들수록 억지로라도 웃는 것이 좋다고 이야기한다. 기분이 좋아서가 아니라 힘들기 때문에 오히려 더 웃어야 한다는 말이다. 의도적인 웃음이 실제로 효과가 있다는 연구 결과도 있다. 가끔 아무리 웃으려 해도 웃음이 나오지 않을 때가 있다. 억지로 웃어서 힘든 일을 이겨내는 것도 좋지만 가장 좋은 대처 방법은 힘든 상황을 있는 그대로 지켜보고 관찰하는 것이다. 그 다음 그 상황에 대해 어떤 마음이 일어나는가를 바로 알아차려야 한다. 힘들다고 느낄수록 거기에 매몰되지 말고 힘들어하는 나로부터 벗어나야 한다. 있는 그대로, 즉 '알아차림'으로 자기 자신을 관찰하면 힘든 상황과 분리되어 비로소 그 상황으로부터 벗어날 수 있게 된다. 있는 그대로를 알아차리면 힘든 상황에서도 미소를 지을 수 있다. 그것이 최고의 미소다.

링 위에서 젊은 시절을 보낸 어느 권투 선수가 이런 이야기를 한 적이 있다.

"처음 링에 오를 때는 상대가 잘 보이지도 않습니다. 대부분의 신인들은 무조건 주먹만 휘두릅니다. 경험이 쌓일수록 점차 상대의 움직임을 잘 보려고 노력하고 또 노력합니다. 그래서 나중에는 상대의 모든 움직임을 한눈에 볼 수 있게 됩니다. 심지어 내 주먹이 나가고 들어오는 것까지 알아차릴 수 있습니다."

그는 이미 싸움에서 빠져나와 제3자처럼 싸우는 방법을 터득한 것이다. 힘든 상황을 알아차리면 있는 그대로 볼 수 있는 것도 이와 같은 이치다. 힘든 일이 있을 때 마음을 담담하게 가지면 훨씬 더 잘 대처할 수 있지만 사실 말처럼 쉬운 일은 아니다. 그냥 힘든 상황을 있는 그대로 알아차리고 관찰하는 것이 마음을 담담하게 가질 수 있는 가장 쉬운 방법이다.

힘든 상황을 있는 그대로 보면 자기방어가 아닌 분석이, 자기변명이 아닌 현황 파악이 가능해진다. 마치 남의 일을 보듯 자신의 상황을 분석해보자. '내가 지금 힘든 상황에 처했구나'라고 생각하기보다 마치 제3자가 말하듯이 '이봐, 홍길동. 너 지금 힘든 상황에 처했구나'라고 대상화하는 것이다. 그것이 억지웃음보다 더 효과적인 방법이다. 자신을 대상화시킬 수 있는 그 여유와 간격 속에서 지혜가 생겨난다.

인생은 각자의 경기를 하는 것이다. 남을 의식하지 않고 나만의 경기를 하겠다는 마음가짐이 필요하다. 역설적이게도 나만의 삶을 살기 위해서는 나로부터 벗어나 관찰자의 눈으로 나를 바라보아야 한다. 그렇지 않으면 스스로 욕망에 빠져 남이 좋다는 것, 남이 환호하는 것, 남에게 보여주기 위한 것에 휘둘리게 되고 나만의 비전과 전략은 정작 설 땅을 잃게 된다.

지혜, 자유, 평온을 얻는 사람이 되자. 마음이 따뜻한 사람이 되자. 과거에 집착하지 말고 미래에 끌려다니지도 말고 지금 이 순간을 만끽하자. 비전과 전략이 있는 사람이 되자. 자기가 하는 일에서 가치, 의미, 즐거움을 찾는 사람이 되자. 삶을 마감할 때 주변 사람들에게 행복했노라고 말할 수 있는 사람이 되자. 자신의 삶을 스토리텔링으로 들려줄 때 다른 사람들이 흉내 내고 싶은 그런 삶을 살자.

너무 훌륭해지려고는 하지 말자. 중도하며 절제하는, 단순하면서 소박한 삶도 충분히 감동적일 수 있다. 한 줌의 지혜, 자유, 평온만 있어도 행복은 시작된다. 시작이 반이라면 한 줌을 얻기는 너무나 쉽다. 눈을 들어 주위를 살펴보면 아름다운 것이 넘쳐난다. 담담하게 물 흐르듯 최선을 다하면서 일 자체를 즐기자. 가끔 눈을 들어 주위를 둘러보고 미소를 지어 보자. 몽테뉴는 이렇게 말했다.

"있는 그대로의 자신을 받아들일 때 행복할 수 있다."

사막을 건너야 서른이 온다

초판 1쇄 발행 2013년 6월 10일 초판 2쇄 발행 2013년 6월 15일

지은이 윤성식 펴낸이 연준혁
기획 이진아

출판 1분사 분사장 최혜진
책임편집 최유진 디자인 강경신
제작 이재승

펴낸곳 (주)위즈덤하우스 출판등록 2000년 5월 23일 제13-1071호
주소 경기도 고양시 일산동구 장항동 846번지 센트럴프라자 6층
전화 031)936-4000 팩스 031)903-3893 홈페이지 www.wisdomhouse.co.kr
종이 월드페이퍼 인쇄·제본 (주)현문

값 13,800원 ⓒ윤성식, 2013 ISBN 978-89-5913-730-5 13190

* 잘못된 책은 바꿔드립니다.
* 이 책의 전부 또는 일부 내용을 재사용하려면 반드시
  사전에 저작권자와 (주)위즈덤하우스의 동의를 받아야 합니다.

국립중앙도서관 출판시도서목록(CIP)

사막을 건너야 서른이 온다 / 지은이: 윤성식. -- 고양 :
위즈덤하우스, 2013
   p. ;   cm

ISBN 978-89-5913-730-5 13190 : ₩13800

청년훈[青年訓]
인생훈[人生訓]

199.5-KDC5
179.7-DDC21   CIP2013007740